우리 교실
책 읽기의 시작
온작품읽기

우리 교실
책 읽기의 시작
온작품읽기

전국초등국어교과모임

이오덕김수업연구소

김영주·김강수·장상순·윤승용·박길훈·이혜순 지음

휴먼H에듀

온작품읽기 함께해요!

국가 중심 교육과정과 국정교과서 체제에서 교사들은 아이들과 맞지 않은 소재글을 대신할 작품들을 찾아 수업에 도입했습니다. 목표를 통합하기도 하고, 활동을 새로 만들어 넣기도 하고, 방법을 새로 짜서 넣기도 했지만 무엇보다 중요한 것은 수업에서 쓸 글이었습니다.

목표, 활동, 방법이 같더라도 완전한 작품을 읽고 나서 수업한 아이들과 쪼개진 작품의 일부분을 읽고 수업한 아이들의 반응은 너무도 달랐습니다. 완전한 작품으로 수업할 때 아이들이 훨씬 활기차게 수업에 몰입하는 장면을 경험했습니다. 뿐만 아니라 수업 과정에서 평소 알지 못했던 아이들의 삶을 새롭게 알게 되어 더욱 좋았습니다.

처음에는 국가 교육과정을 비판하기도 하고, 교과서를 바꾸라고 요구도 했습니다. 요구만으로 되지 않아서 뜻있는 교사들이 모여, 대안 국어 교육과정과 대안교과서를 만들어 실제 교실에서 가르치기도 했습니다. 쪼개진 작품이 아니라 완전한 작품으로 수업할 수 있도록 모든 마당에 완전한 작품을 실었습니다.

교사든 아이든 완전한 작품을 읽으면 저마다 나름의 방식으로 해석하고 상상합니다. 교과서에 나온 본디 작품을 이용하든, 그것을 대신할 작품을 새로 찾아서 활용하든, 새롭게 교과서 마당을 구성해 가르치든, 그 알맹이는 본디 완전한 작품을 쓰는 것입니다. 이 활동은 몇 사람만 하는 것이 아니라 온 나라 대부분의 선생님이 실천하고 있었던 것입니다. 이것의 의미를 더 뚜렷하게 해서 더 퍼뜨리고 싶었습니다.

완전한 작품을 넣어서 교육하는 일은 단지 한 작품을 활용하는 데 그치지 않고 교사가 교육을 오롯이 기획할 기회를 줍니다. 남이 시켜서 그대로 수행하거나 남이 기획해 놓은 곳에 잠깐 끼어들어 가르치는 상황을 벗어날 수 있게 해 줍니다. 전체가 어떻게 돌아가는지 모르고 부분을 가르치는 교사, 전체가 무엇인지 모르고 부분을 배우는 학생들에게 전체와 부분을 모두 알게 해 주어 교육에서 따돌림당하지 않도록 해 줍니다.

우리말에서 '온'이란 말은 크게 세 가지 뜻으로 사용됩니다. 명사로서 '백'을 나타내며, 관형사로서 '모든'을 뜻하고, 접사로서 '꽉 찬(완전)'을 뜻합니다. '완전' 텍스트, '완전한' 작품이란 말보다 우리말의 '온'이 더 어울린다고 생각해 '온작품'이란 말을 쓰게 되었습니다. 온작품읽기는 교사와 학생들이 온삶을 살 수 있도록 해 줍니다. 온작품을 함께 읽으며 서로의 삶을 이해할 수 있으니 온삶이 됩니다.

《짜장 짬뽕 탕수육》(김영주, 재미마주)이란 작품을 놓고 똑같은 목표와 활동을 할지라도, 교과서 속에 쪼개져 일부분만 들어간 내용을 읽고 보고 수업을 하면 교사와 학생은 전체 줄거리를 모르는 상태에서 단지 인물의 성격, 줄거리 요약, 배경, 뒷이야기 상상하기 등의 성취 기준에만 매이게 됩니다. 본래 온작품을 빌려서 읽어 주거나 모든 학생이 본디 작품을 읽고 수업을 하면, 단지 교과목표만 배우는 것이 아니라 저마다 감동에 따라 읽습니다.

종민이와 큰 덩치의 성격을 견주기도 하고, 누리의 따뜻한 마음에 빠져 현실에서 그런 친구를 찾아내기도 합니다. 배경이 되는 짜장면 집이 맘에 들어 평소 자기가 가던 짜장면 집과 비교할 수도 있습니다. 양파를 벗기는 게 맞는 것인지, 까는 게 맞는 것인지 질문할 수도 있고, 살면서 '팽이가 돌다 쓰러질 때' 같은 느낌을 받은 적은 없었는지 경험한 이야기와 연결할 수도 있습니다. 고경숙 화가의 그림이 좋아서 따라 그릴 수도 있습니다. 정말 다양한 이야기들이 나올 수 있는데 이 힘은 모두 온작품읽기에서 나옵니다.

집에 대해 공부할 때《만희네 집》(권윤덕, 길벗어린이), 자전거 여행할 때《불량한 자전거 여행》(김남중, 창비), 상상하기 공부할 때《마법에 걸린 병》(고경숙, 재미마주)처럼 주제와 관련된 온작품을 찾아서 읽을 수 있습니다. 꼭 수업이 아니더라도 교육 차원에서 날마다 아침시간을 이용해서 아이들에게 옛이야기 한 편씩을 꾸준히 읽어 줄 수도 있습니다. 그림책 한 권씩을 꾸준히 보여 주며 읽어 줄 수도 있습니다.

그냥 읽어 주어도 좋지만 읽고 나서 그림으로, 말과 글로, 소리로, 연극으로, 노래로 얼마든지 표현할 수 있습니다. 이렇게 보면 온작품은 꼭 국어시간에만 활용하는 것이 아닙니다. 표현할 때는 국어와 연극, 미술, 음악, 체육과 함께 관련될 수 있고, 사회나 과학 교과에서는 그 주제에 맞는 역사, 지리와 관련된 정보 책을 찾아서 볼 수도 있습니다. 체험을 하기 전이나 하고 나서 관련된 영화, 만화, 동화, 소설, 시, 그림 등을 찾아서 함께 볼 수 있습니다. 삶과 온작품은 연결되어 있습니다.

이 책을 시작으로 온 나라 선생님들의 다양한 실천 사례가 나오길 바랍니다. 지식에 맞는 온작품, 감동이 있는 온작품, 문학으로서 온작품, 아침에 읽어 주기 좋은 온작품, 갈래별로 다양한 온작품, 주제별 온작품, 체험활동과 온작품 등으로 펼쳐지면 좋겠습니다.

더 나아가 아이들이 쓰고, 엮고, 만든 온작품들이 나오길 바랍니다. 문집 형태로 나오고 있지만 주장글, 편지글, 설명글, 어린이 시, 어린이 생활글, 어린이가 직접 찍은 영화, 어린이가 직접 제작한 만화, 요즘 아이들이 부르는 노래와 놀이 등이 넉넉하게 나와야 합니다. 어른의 온작품도 중요하지만 어린이가 손수 만든 온작품도 필요합니다.

온작품읽기 운동은 교사들의 온삶, 학생들의 온삶을 회복하는 지름길이 될 것입니다. 아무쪼록 많은 선생님의 실천과 기록이 책으로 이어지길 바랍니다.

2017년 가을, 북한강변에서
글쓴이들의 뜻을 모아 김영주 씀

차례

2부   온작품읽기의 방법 ▼

4장 — 온작품읽기 바탕 다지기 장상순

5장 — 온작품읽기 수업 짜기 이혜순

1부

온작품읽기의 뜻

1장

온작품읽기는
무엇일까요?

김영주

온작품읽기의 시작

온작품읽기는 어디서 뚝 떨어진 것이나 외국에서 들어온 뛰어난 이론이 아니라 우리네 삶에서, 실천에서 자연스럽게 나온 것입니다. 초등학교 교사로 살면서 국어교과서를 가지고 아이들과 수업을 했습니다. 쪼개진 작품으로 수업을 하는 것보다 온전한 작품으로 수업을 했을 때 아이들의 성장에 도움이 되었습니다.

그래서 우리는 문학 단원의 본래 작품을 찾아서 읽어 주기도 했고, 이를 대체할 만한 좋은 작품을 찾아 읽어 주기도 했습니다. 학년별 도서목록, 그림책 활용 수업, 책 읽고 나서 한 활동 정리, 아이들이 직접 쓴 시와 생활 이야기 출판 등의 활동은 이와 같은 흐름에서 이루어졌습니다.

전국초등국어교과모임에서 초등대안교과서 《초등학교 1학년 우리말 우리글》·《초등학교 2학년 1·2학기 우리말 우리글》(전국초등국어교과모임, 휴먼어린이)을 집필한 까닭도 이와 다르지 않습니다. 현장 교사들의 실천에서 찾아낸 대체 자료와 활동들을 정리해 국정교과서 외의 또 다른 자료로 제시하고자 한 것입니다. 대체 자료를 제시할 때도 쪼개진 작품을 제시하기보다 온전한 작품을 제시하고자 했습니다.

《초등학교 1학년 우리말 우리글》의 구성 방식은 낱자를 배우는 것을 기본으로 하고 뒷부분으로 가면 다양한 글들을 제시해 2학년과 연결 짓는 것이었습니다. 이때도 온작품을 실어 아이들이 올곧게 작품 전체의 느낌을 받도록 했습니다. 《초등학교 2학년 1·2학기 우리말 우리글》의 구성 방식도 한 편의 온전한 이야기를 중심으로 진행되도록 했습니다. 3학년, 4학년, 5학년은 주제 중심으로 구성하지만 역시 온작품을 찾아서 배치했습니다.

출판사 문제, 재정의 문제, 현장 여력의 문제 등이 겹쳐서 대안교과서가 2학년까지 출판되고 멈춘 상태이지만 이런 외적인 까닭 외에 사실은 내적 까닭도 크다고 생각합니다. 국정교과서는 그 자체의 문제도 있지만 전국의 많은 선생님과 학생이 한 교과서로만 수업한다는 것에 더 큰 문제가 있습니다.

하지만 우리가 만드는 대안교과서도 말 그대로 또 하나의 대안을 만들고자 한 것이기에 한 권에 내용을 다 담을 수밖에 없었습니다.

만약 또 다른 교재들이 쭉 나온다면 우리가 만든 교과서에 대안이
란 말을 붙일 필요가 없을 것이며 그렇게 되기를 바라고 시작한 일
이었습니다. 한 권에 모든 것을 담는다는 생각을 넘어 갈래, 주제,
지식, 활동 등을 중심으로 한 마당 정도의 실천 사례들이 더욱 다양
하게 많이 나오는 것이 보다 진정한 대안이 될 수 있습니다.

온작품 한 편은 갈래별로, 주제별로, 지식별로, 활동별로 얼마
든지 구성될 수 있습니다. 1년 단위로, 6년 단위의 계열로, 한 권
으로 사고하는 틀은 어찌 보면 국정교과서에 매인 것이라 생각합
니다. 짧든 길든 한 마당 정도의 마디가 있는 온작품 자료가 곧 대
안교과서가 될 수 있을 것입니다. 한 권을 길게 작업해서 내는 일
보다 작은 마디를 수없이 많이, 끊임없이 만들고 나누는 일이 더욱
중요합니다.

단위 학교의 교실에서 교사들이 다양한 실천을 해 왔습니다. 남
한산초등학교에서도 이와 비슷한 수업을 했습니다. 그러던 중 한
교사가 완전 텍스트 수업을 하자고 제안해서 금요일 한 블록을 이
용해 공동 실천을 했습니다. 내가 남한산초등학교에 다시 들어간
2009년, 교육과정을 논의하면서 '완전 텍스트'란 말보다 '온작품'
이란 말이 더 어울린다고 생각해서 교사들에게 제안했고 합의되어
현재까지 온작품 수업을 실천하고 있습니다. 전국에서 남한산초등
학교로 방문한 6천여 명의 교사들에게 남한산초등학교 이야기를
들려주었을 때, 교실 단위든, 학년 단위든, 학교 단위든 가장 널리
퍼진 수업 실천이 '온작품 수업'이기도 했습니다.

위와 같은 실천들을 바탕으로 학교 단위를 벗어나 전국 단위에서 제안하고 함께 실천할 길을 여는 것은 대안교과서 운동을 이어가는 것이기도 하고, 교사들이 국가 중심, 학교 중심, 교실 중심에서 벗어나 아이들 중심으로 갈 수 있는 실천의 고리를 찾는 것이기도 합니다. 그래서 전국초등국어교과모임에서 중심 사업으로 제안한 것이라고 생각합니다. 이는 단지 교사 모임만의 문제가 아니라 전국의 교사가 살고, 아이들이 살아야 한다는 뜻을 담고 있습니다.

온작품읽기가 필요한 까닭

김민남 교수는 《한국교육론》(김민남, 형설출판사)에서 한국 교육이 살려면 교사의 교육 기획력이 살아야 한다고 했습니다. 교육 기획력이란 교사가 평가권과 교재 구성권을 확보했을 때 가능하다고도 밝혔습니다. 난 특히 교사의 교재 구성권이 이 말의 알맹이라고 보았습니다. 가르치는 사람이 가르칠 내용을 스스로 구성할 수 없다면 어떻게 전문가란 말과 선생이란 말을 할 수 있겠습니까? 참고는 할 수 있을지 몰라도 결국 구성 권한과 결정권은 교사에게 오롯이 있어야 합니다. 이는 국가 교육 정책으로 뒷받침되어야 하지만 동시에 교사들의 노력으로 교재를 구성할 수 있는 능력을 넓혀 가야 합니다.

이런 뜻에서 보면 온작품읽기를 하는 첫 번째 까닭은 교사들이 교재 구성권과 구성 능력을 갖출 수 있는 고리가 되어 준다는 데 있습니다. 온작품은 이미 그 자체가 교재이며, 온작품을 어떻게 교육할 것인가는 교사의 안목과 실천을 바탕으로 합니다.

앞에서 잠깐 말한 대로 온작품을 선택해서, 이와 어울리는 지식을 가르칠 수도 있으며, 지식을 가르치기 위해 이와 어울리는 온작품을 선택할 수도 있습니다. 예를 들어, 흉내 내는 말을 가르치고 싶다면 권정생 작가의 《횅횅 간다》(권정생, 국민서관), 《오소리네 집 꽃밭》(권정생, 길벗어린이), 《강아지똥》(권정생, 길벗어린이) 등의 작품을 도입할 수 있습니다.

다음으로 주제식으로 구성할 수도 있습니다. 대안교과서를 집필할 때 3학년, 4학년, 5학년은 학생들의 생활에서 소재와 주제를 가져왔습니다. 장난감, 놀이터, 친구, 엄마, 아빠, 동생, 문방구, 학원 등의 생활 소재일 수도 있고, 《꽃할머니》(권윤덕, 사계절)를 쓰신 권윤덕 선생님의 작품을 활용해서 일본 침략 등의 역사 주제를 다룰 수도 있습니다.

다음으로 작가별로 온작품읽기 수업을 할 수도 있습니다. 앤서니 브라운, 권정생, 이원수, 송언 작가의 작품을 한 달 정도 집중해서 작가를 탐구할 수도 있습니다. 더 나아가 몸짓(연극), 소리(음악), 이야기하기(생활), 그리기(미술), 탐험, 실험, 실습, 견학 등의 활동 중심으로 온작품읽기를 전개할 수 있습니다. 프로젝트 학습, 문제 해결 학습 등과도 쉽게 연결할 수 있습니다.

한 작품을 한 달 또는 한 학기 동안 조금씩, 깊이, 꾸준히 읽어

나갈 수도 있습니다. 이 외에도 교사에 따라 온작품을 활용하는 방법은 얼마든지 다양하게 나옵니다.

다루는 방법은 수천 수만 가지가 될 수 있으나 결국 중요한 것은 쪼개진 작품으로 수업하는 것이 아니라 온전한 한 작품을 통으로 읽고 수업하는 것입니다. 다양한 방법을 쓰는 것보다 온전한 작품을 꾸준히 읽고 나눈다는 뜻이 훨씬 크고 무겁다고 할 수 있습니다. 이를 통해 무엇을 쫓아가는 교사가 아니라 온전한 삶을 나누는 교사가 될 수 있습니다.

온작품읽기를 하는 두 번째 까닭은 분절된 교육과정 구성과 교과서 구성 방식에서 벗어나 통합적 교육과정을 구성할 수 있기 때문입니다. 현재 국가 교육과정은 교과 영역별로 가르칠 지식을 성취 기준으로 나누고, 학년군별로 배치한 뒤, 이를 모아서 교과서를 구성하고 있습니다. 어떤 것은 너무 쪼개져 있고, 어떤 것은 너무 일찍 가르치고 있습니다.

온작품을 통으로 읽어 나가며 이런 지식들을 배우면 나중에 자연스럽게 통째로 쌓여서 통합적으로 얻어집니다. 그런데도 하나씩 가르쳐 나가면 나중에 모아진다는 잘못된 전제를 하고 있는 것이 큰 문제입니다. 인물의 성격, 줄거리 요약, 뒷이야기 상상하기, 주장과 근거 등을 한두 차시에 나누어서 가르칠 때보다 좋은 작품을 오롯이 읽어 냈을 때 한꺼번에 통으로 아이들에게 들어갑니다. 쪼개진 작품을 쪼개진 지식별로 6년을 배운 아이와 온전한 작품으로 6년간 꾸준히 배운 아이의 우리말 부려 쓰기, 즉 언어 능력은 전혀 다르게 드러납니다.

온작품읽기를 하려는 세 번째 까닭은 국가가 모든 것을 던져 주던 국가 중심 교육과정에서 벗어나 교사 스스로 구성하고 학생들이 이를 넓게 펼쳐 나가는 교사와 학생 중심의 교육과정으로 탈바꿈하자는 것입니다. 교육이 제대로 되려면 국가는 기본적인 틀과 핵심만 간략하게 제시하고 나머지는 교사들에게 맡겨야 합니다. 국가의 교육부에서 도교육청으로, 시교육청으로, 학교로, 학년으로, 교실의 교사로 내려오는 하향식·중앙집권적 방식에서 벗어나서 교육의 제일 작은 단위인 교실의 학생에서 교사와 학생을 지원하는 학년, 학교, 교육청, 교육부로 가도록 하자는 것입니다.

이렇게 되려면 되기까지의 과정이 중요합니다. 알고는 있어도 어떻게 그곳까지 갈 수 있느냐는 것입니다. 국가 제도만을 비판하면 갈 길이 멀어 낭만적으로 빠지기 쉽고, 교실의 실천만을 강조하다 보면 큰 흐름을 잡아내지 못해 결국 교실에서 혼자 실천하다 지치는 경우를 많이 보았습니다. 전국의 교사들이 함께 실천하며 갈 수 있는 길이 무엇일까 고민하게 됩니다.

온작품읽기는 초중고 교사와 가정의 학부모가 교실, 학년, 학교, 전국, 모임에서 누구나 쉽게 알아들을 수 있고 저마다 처한 상황과 깜냥에 따라 실천할 수 있습니다. 이는 존중받아야 하고, 격려받아야 하며, 나누어 함께 개선할 일입니다. 누가 시켜서가 아니라 교사 스스로 아이들이 기뻐하는 모습과 성장하는 모습을 보며 가야 하는 길입니다. 사회 교과를 가르치는 교사는 사회와 관련된 정보를 담은 온작품읽기를 할 수 있으며, 과학, 미술, 음악 교과를 가르치는 교사도 마찬가지입니다.

온작품읽기를 하는 네 번째 까닭은 따라 하기에서 벗어나 저마다 빛깔을 찾을 수 있기 때문입니다. 교사가 온작품을 읽고 학생들과 나눌 것을 고민하는 자체가 교재 구성이며 기획력이고 가르침의 시작입니다. 교사 자신도 온작품을 통해 삶을 되돌아보는 성찰을 하거나 감동을 느낍니다. 건조한 지식 전달의 수업이 아니라 감동을 전하는 마음에서부터 교육이 시작됩니다. 감동과 고민 뒤의 가르침은 학생의 배움을 제대로 열어 줍니다.

남을 따라 하기보다 내가 고민하고 되돌아보고 만들어 낸 온작품읽기 교육 기획이 결국 교사의 자존감과 전문성을 높이고, 동료 사이의 협력과 교육 공동체 가꾸기로 나아가게 합니다. 다른 교사들이 한 온작품읽기 수업의 내용과 학생들의 자료를 보면 금방 우리 교실에서 도움이 될지 알 수 있습니다. 단순한 따라 하기가 아니라 서로 보고 배우며 변주하고, 변형하고, 이본을 만들어 창조의 흐름을 엽니다.

온작품읽기의 갈래

온작품읽기는 현장에서 온책읽기(2015 개정 교육과정 3·4학년 교과서부터 '한 책 읽기' '한 권 읽기' '행복한 책 읽기' 등의 말을 쓰고 있는데 이 또

한 온책읽기의 한 형태입니다.)라고도 말하고 있습니다. 그런데 온책읽기는 책 읽기의 갈래에 한정한 말이 됩니다. 물론 쓸 수 있지만 본디 온작품읽기의 뜻을 담기에는 작은 말입니다. 온작품은 이보다 훨씬 큰 뜻을 담고 있습니다. 온전한 작품은 책 읽기에만 해당되는 것이 아닙니다. 온전한 만화, 온전한 시 한 편, 온전한 동화, 온전한 연극, 온전한 영화, 온전한 어린이 글 따위를 모두 포함합니다. 더 나아가 분절되고 쪼개지고 흩어진 삶 자체의 전체성을 이루고, 마음과 몸, 지식과 삶을 한 작품처럼 보자는 뜻도 담고 있습니다.

온작품읽기는 초등학교를 졸업한 아이가 감동받았던 하나의 이야기(스토리)를 기억해 말할 수 있는가와도 관련이 있습니다. 짧은 시간이든 긴 시간이든 한 마디가 끝나면 한 편의 이야기(작품)가 사람에게 남을 수 있습니다. 하지만 제대로 겪지 않으면 한 작품으로 보이지 않고 이런저런 조각들이 흩어져서 사람을 혼란스럽게 합니다. 혼난 일, 좋았던 일, 1학년 때 일어난 일 따위가 섞여서 뭐가 뭔지 모르게 기억이 조각처럼 돌아다니는 느낌입니다. 어디가 시작이고 중간이고 절정이고 마무리인지 모르는 사건들의 파편은 결국 사람의 정체성을 흔들고 삶을 힘들게 합니다.

온작품은 삶의 온전성, 전체성, 통합성을 이루려는 뜻을 담고 있습니다. 삶이란 한 편의 이야기, 한 편의 연극을 만드는 것이라고 볼 수도 있습니다. 한 사람은 그 사람이 살아온 삶의 이야기이며 한 작품이기도 한 것입니다.

다음으로 온작품읽기에서 '읽기'를 넓혀서 볼 필요가 있습니다.

읽기는 단지 글자만 읽어 낸다는 뜻이 아니라 다른 사람의 온전한 삶, 다른 사람들이 만들어 놓은 온전한 예술로서 작품, 다른 사람의 온전한 이야기 등을 읽어 내서 내 삶의 온전성을 확보하는 노릇을 합니다. 삶, 영화, 만화, 동화, 그림책, 소설, 시, 연극 따위에서 뜻(의미)을 읽어 내자는 것입니다. 사람은 밖에서 들어오는 것을 읽어 내야 살아 낼 수 있습니다.

이렇게 본다면 온작품읽기와 더불어 '쓰기'도 함께 고민되어야 합니다. 온작품을 읽고 나서 하는 모든 활동은 결국 읽어 낸 사람들의 쓰기로 이어질 수밖에 없습니다. 쓰기 또한 단순한 글씨 쓰기와 글쓰기에서 나아가 더 넓은 뜻을 매길 필요가 있습니다. 솔직하게 있는 그대로의 삶 쓰기, 자유롭게 쓰기, 상상하여 쓰기 따위로 넓힐 수 있습니다. 더 나아가 놀이, 소리, 그림, 이야기, 전자 기기로 쓸 수도 있습니다. 이를 포함한 새로운 쓰기를 나는 '자유 쓰기'라고 말하고 싶습니다. 어떤 이는 예술 글쓰기, 어떤 이는 자유 글쓰기, 어떤 이는 놀이 글쓰기라고 말하기도 합니다. 단순한 글쓰기에서 다양한 표현 수단을 포함하는 쓰기로 넘어가야 하지 않을까 생각합니다.

이렇게 본다면 온작품읽기의 갈래는 단지 책 읽기만으로 한정할 수 없습니다. 온만화, 온영화, 온동화, 온시, 온연극 따위를 모두 싸안을 수 있습니다. 작품을 쪼개서 쓰고 싶은 욕망은 효율성의 논리와 중앙집권의 논리를 대변합니다. 왜 온전한 작품을 두고 일부분만 따로 떼어서 배워야 하는가를 곰곰이 생각해 보면 그럴 까닭이 거의 없습니다. 아주 특별한 경우 그렇게 기획될 수도 있지만 대부분은 온전한 작품을 쓰는 것이 오히려 기본이라고 할 수 있습니다.

특히 학생들의 짧은 글이나 시도 온전하게 다루어야 하며, 온전한 한 작품으로서 존중받아야 한다고 생각합니다. 전국초등국어교과모임 선생님들이 어린이시 작품들을 묶어서 펴낸《쉬는 시간 언제 오냐》(초등학교 93명 아이들, 휴먼어린이) 등의 책이 있는데, 이런 책에 실린 한 편, 한 편을 작품으로 보고 온작품읽기에 당당하게 쓸 수 있습니다. 시뿐만 아니라 아이들의 이야기글, 주장글, 설명글, 대본, 노래 따위도 마찬가지입니다.

온작품읽기는 함께하는 운동

가르치고 배우는 일은 사람 사이의 일입니다. 그래서 혼자 교실에서 하는 것에서 벗어나 함께할 때 사람들은 기쁨을 느낍니다. 무엇을 하든 결국 가르침과 배움의 교육이 기쁨으로 자리 잡으려면 사람들끼리 돕고 배우고 나누어야 합니다. 이것을 인성, 운동, 의사소통, 연대, 협력, 공동체 등의 어떤 말로 쓰더라도 차이보다 공통점이 더 많다고 생각합니다. 함께 잘 사는 길, 여럿이 나누며 가는 길, 사람뿐 아니라 우주의 모든 생명과 공존하는 일 등과도 궤를 같이합니다.

온작품읽기 또한 운동이 되어야 합니다. 온작품읽기는 함께 만드는 작품이며, 다른 사람의 작품을 보고 또 다른 나만의 작품을 만들어 나가는 것이기도 합니다. 교실 단위에서, 학년 단위에서, 학교 단위에서, 학교 밖 모임에서 함께해 나갈 수 있습니다. 사람으로 따지면 교사, 학생, 학부모, 보통 사람 누구나 할 수 있습니다. 교육 운동으로 보면, 남한산초등학교를 비롯한 혁신학교 선생님들이 학교와 교실에서 했고, 남한산초등학교를 모델로 생긴 작은학교교육연대 선생님들이 했고, 혁신학교 기반을 가진 새로운 학교네트워크 교사들도 했습니다. 전국초등국어교과모임이나 강마을산마을학교모임 선생님들도 했습니다. 아마 우리가 모르는 학교의 다른 모임 선생님들도, 학부모들도 이를 실천하고 있을 것입니다.

이들이 함께 가며 가르치고 배울 수 있도록 판을 열어 주고 싶습니다. 쪼개진 실천들을 나눌 수 있는 터를 만들고 싶습니다. 작은 차이에 초점을 맞추기보다 공통된 기반에 초점을 두고 고민할 필요도 있습니다. 우리 겨레는 이야기판, 집터, 놀이마당이라는 말들을 생활에서 쓰고 그렇게 살았습니다. 이는 모두 함께 어울려 잘 살자는 뜻을 담은 말들입니다. 돈, 소비, 물적 욕망만이 판치는 세상에서 우리는 새판을 열고 터를 잡고 그 마당에서 신명 나게 놀아야 합니다. 온작품읽기는 그래서 운동이며 삶입니다.

온작품읽기는 왜 할까요?

윤승용

거듭나며 자리 잡은 온작품읽기

학교에서 몇 해 전부터 온작품읽기 수업을 해 오고 있습니다. 처음엔 이름이 '완전 텍스트' 수업이었습니다. 왜 완전 텍스트라 이름 붙였을까요? 그 전에 아이들과 나눠 온 작품들이 모두 불완전했기 때문입니다. 교과서에 실린 작품은 완전한 작품이 아니었습니다. 온전히 실을 수 없어 부분을 발췌하거나 때론 개작한 작품을 아이들과 나누어야 했습니다. 이를 안타깝게 생각한 선생님들은 시간을 내어 직접 아이들에게 작품 전체를 읽어 주는 시간을 가졌습니다. 하지만 늘 부족했습니다.

선배 선생님들은 여러 차례 회의를 했고, 일주일 정규 수업시간

중에 2시간을 온전히 한 권의 책으로 활동하는 시간으로 잡아 보게 되었습니다. 교과서에 나온 작품의 온전한 작품을 아이들과 나누기로 한 것이죠. 꼭 교과서에 나온 작품만이 아니었습니다. 교과 목표에 어울리거나 더 효과적인 작품을 찾아 나누기도 했습니다.

기록을 찾아보니 이 수업이 제안된 해는 2008년이었습니다. 당시 몇 해 동안 진정한 공부의 형식과 내용은 무엇인가, 이를 담는 그릇으로서 '수업'은 어떤 모습이어야 하는가에 대해 논의에 논의를 거듭했다고 합니다. 그동안 있어 왔던 독서교육에 대한 반성도 이 논의와 함께했다고 합니다. 그 결과 함께 합의한 수업의 형태가 한 권의 책을 모두 읽고 진행하는 수업, '온작품읽기' 수업이었습니다. 이는 해를 더해 가며 조금씩이지만 거듭났으며 지금은 매 학기 초 함께 읽을 책 목록을 알려 주고 매주 모든 학년이 함께하는 시간으로 자리 잡았습니다.

수업으로서의 온작품읽기

'사람'이라는 말에는 '삶'과 '앎'이라는 의미가 섞여 있다고 합니다. 하나의 생명으로 살아가는 것과 동시에 세상에 대한 안목을 넓혀 가는 것도 '사람'이라는 말에 들어 있습니다. 세상을 보는 눈은 하나가 아닙니다. 수학의 눈, 경제의 눈, 음악의 눈, 미술의 눈, 말의 눈……. 학교에서 배우고 가르치려고 하는 '지식'은 어쩌면 여기서 말하는 '눈'과 가장 잘 연결될 것입니다. 더 나아가 여러 가지 눈은 서로 연결 지어 하나의 대상을 보는, 보다 큰 눈이 되어야 합니다. 따로 떨어진 눈은 그 자체로 의미를 가질 수 있으나, 편협함을 피할 수는 없을 것입니다.

이런 면에서 학교에서 나누는 지식은 보다 종합적으로 다루어져야 하겠습니다. 수업의 기본 교재인 교과서 수준에서 지식을 다룰 경우, 종합적이고 통합적인 안목을 기르는 데 무리가 있습니다. 지식이 낱개로 쪼개져 있고, 차시 수업 목표에 적합한 부분 텍스트를 중심으로 짜여 있기 때문입니다. 이는 지식을 기계적으로 전달하는 데는 효과적인 방법이겠으나, 부분의 합이 곧 전체가 되는 것은 아니기에 늘 훈련에 그칠 뿐입니다.

이에 '온작품읽기' 수업은 하나의 대안이 될 수 있습니다. 온전한 책 한 권을 모두 읽고 같이 질문하고 찾아보는 수업은 그 자체로 큰 대안 역할을 합니다. 수업의 흐름이 자연스레 맥락을 가지고, 종합적이고 통합적으로 바뀌는 효과를 내기 때문입니다.

독서교육으로서의 온작품읽기

독서교육의 측면에서도 '온작품읽기' 수업을 바라볼 수 있습니다. 지금까지의 학교 독서교육은 일상적으로 이루어지는 수업과 동떨어져 있었습니다. 아침활동시간에 읽기, 몇 권 읽었는지 기록

하기, 독후감 쓰기, 도서관 활동, 독서클럽 활동, 책 읽어 주기처럼 독서와 일상 수업은 늘 별개로 움직였습니다. 다시 말해, '하면 좋은 것, 많이 읽으면 좋은 것' 정도 수준에서 양적인 독서, 흥미 위주의 독서만 반복해서 강조하는 면이 없지 않았습니다.

독서를 양적으로, 흥미 위주로 접근하면 여러 좋지 않은 모습이 눈에 띕니다. 아이들 스스로 고르고 양을 쌓는 대부분의 도서는 판타지이거나 단편 지식을 만화로 구성해서 전달하는 책입니다. 이는 책이 지닌 여러 가치 중에서 극히 일부분밖에 누릴 수 없게 하는 장애물 역할을 합니다. 독서의 밑바탕이 되어야 할 여러 문학작품, 역사, 과학, 사회, 전통 등의 소재는 외면받기 쉽습니다. 책을 고르는 기준인 '재미' 자체가 외재적인 것이기에 더 큰 재미를 주는 다른 것으로 금방 대체되기도 쉽습니다.

학교에서 양적인 권장 말고 지속적이고 꾸준한 독서교육이 힘든 까닭은 무엇일까요? 우선은 교과 구조로 꽉 막힌, 수업의 구조에서 찾을 수 있습니다. 다시 말해 이를 뚫지 않으면 질적인 독서교육을 담보할 수 없다는 뜻입니다. 국가에서 내려 준 교육과정에서조차 교과서 위주의 수업 방식은 지양하라고 합니다. 교과서를 제작해 모든 아이들에게 배부했지만 교과서는 하나의 자료일 뿐이라고 그 위상을 내려놓았습니다.

국어과의 경우, 교과서에 작품 전체를 싣지 못했으므로 작품 전체를 읽도록 권장하고, 작품 전체의 맥락과 함께 학년별로 성취해야 할 기준을 가르치도록 하고 있습니다. 다른 교과에서도 학습독서라는 말로 관련 도서 읽기를 권장합니다.

하지만 현장 교실에서 교과서 위주의 수업은 쉬 바뀌지 않습니다. 교과와 연계하여 한 권의 책이라도 온전히 읽고 나누기에는 시간적인 여유가 없고, 교육과정에 맞게 정선된 책 목록에 대한 연구도 미진하기 때문일 것입니다. 물론 여러 출판사에서 해마다 교과 연계 도서목록을 소개해 안내하고 있지만 가르치는 교사 입장에서 두루 헤아리기에는 무리가 있습니다. 한 해, 한 해 책을 다루면서 아이들과 교사들의 고민 속에 목록과 다루는 방식 등을 쌓아 가야 하는 문제인 것입니다.

온작품읽기 수업은 이렇듯 틀에 꽉 막힌 구조를 조금이나마 풀어 볼 수 있는 작은 출발점 구실을 합니다. 매 학기 도서목록을 작성하면서 전년도 것을 참고해 새로 만듭니다. 책을 고른 동료 교사와 그 내용을 주고받는 것은 기본입니다. 어떻게 활용되었는지, 수준은 적당했는지에 관해 회의하다 보면 목록은 다시 짜입니다.

대부분의 책은 문학작품을 중심으로 뽑기 때문에 가장 크게는 국어과와 연계를 맺고 있습니다. 하지만 조금씩이나마 다른 교과와 관련된 목록이 들어가기도 합니다. 문학작품 위주로 뽑았다고 하더라도 국어과에만 국한하여 활동이 이루어지는 것은 아닙니다. 예를 들어 《오메 돈 벌자고?》(박효미, 창비)의 경우 인물의 심리와 배경에 집중하여 문학 수업도 가능하지만, 사회·경제 단원과 관계 맺고 풀어낼 수도 있습니다. 구수한 전라도 사투리로 대화가 오고 가기 때문에 사투리와 표준어에 대한 공부도 교사의 기획에 따라 전개될 수 있습니다.

  대부분의 학교에서 정규 수업시간을 이용해 일주일에 책 한 권을 읽고 나누는 시간을 갖는 데는 어려움이 따를 것입니다. 학교의 교사가 먼저 몇몇 책을 권장하거나 추천해 줄 수는 있으나 교재나 다름없이 하나의 책을 선정하고 그 책을 중심으로 수업을 해도 되느냐에 대한 반발도 있을 수 있습니다. 학교 관리자나 학부모님들의 애정과 배척 정도에 따라 그 양상 또한 크게 달라질 것입니다. 한 학년에 여러 반이 있는 경우에 문제는 더 복잡해질 수 있습니다.

  다행히 우리 학교의 경우, 학교에 보내 주는 시선이 긍정적이었고 세심하게 아이를 보살펴 주는 학부모님들이 대다수였습니다. 아이들 또한 책을 즐겨 읽고, 함께 읽을 도서가 안내되면 꼭 읽고 준비하는 모습이 있어 수업이 가능했습니다. 학교 현장에서 여러 어려움을 겪을 수 있지만 정규 교과시간에 어떤 방식으로 책을 다룰 것인지, 아이들에게 독서는 왜 중요한지에 대해 여러 설득을 하고 정당성을 부여하다 보면 뚫지 못할 벽은 아니라고 봅니다.

온작품읽기는 책과 함께하는 여행

  학기 초에 골라 놓은 책을 아이들에게 알려 줄 때 설레는 마음을 어찌할 수 없습니다. '잘 읽어 낼 수 있을까?'에서부터 '아이들 사이에서 어떤 이야기가 오고 갈까?' 또 '어떤 일이 일어날까?'까지 기대 섞인 마음을 내려놓을 수 없습니다. 같은 학년에 같은 책을 선정해도 읽는 이와 시간이 다르기에 풀어지는 이야기도 매번 다르기 때문입니다. 읽고 난 아이들에게서 나오는 말 한마디에서 새로운 이야기가 나오기도 하고, 교사인 내가 그때마다 다르게 읽어 내기에 그러할 것입니다.

나오는 주인공이 크게 보이기도 하지만 줄거리와 크게 상관없는 한 장면이 크게 보이기도 합니다. 책 내용의 곁가지가 크게 다가와 수업의 중심을 차지할 때도 많습니다. 처음엔 '에잇, 수업을 잘못 이끌었어.' 하면서 책 주제와 엇나간 활동이나 대화가 오고 간 수업을 망쳤다고 생각했습니다. 하지만 그렇지 않았음을 요즘 조금씩 깨닫고 있습니다.

책은 함께 읽고 이렇게 나눌 수도, 저렇게 나눌 수도 있는 것입니다. 책을 읽은 솔직한 마음에서 시작해 진솔한 이야기를 주고받는 그 자체가 소중한 시간이라고 생각합니다. 책을 읽으면서 나와 다른 이를 떠올리는 시간이 주는 무게에 고마움을 가져야 한다고 생각합니다.

책 읽기를 함께하는 데 있어 가장 큰 과녁은 '즐기기'라고 합니다. 스스로 찾아 읽고, 책 읽기를 즐기며 할 수 있다면 수업은 갈무리를 하는 정도일 것입니다. '즐기기'라는 말은 공부로 접근하기보다 놀이로 다가간다는 말이 되겠습니다. 책이 놀이가 된다면 충분히 그 안에 들어갈 힘이 생길 것입니다. 함께 읽은 책을 소재로 이야기를 나누고, 책이 주는 여러 놀이를 함께 즐긴다면 우리 아이들에게 책 읽기의 힘은 자연스레 생기리라 믿습니다.

온작품읽기 수업에 대한 여러 의미를 접어 두더라도 1년 동안 반 아이들과 30권의 책을 공유한다는 것은 그 무엇과도 바꿀 수 없는 기쁨을 줍니다. 같은 친구들과 6년 동안 180여 권의 책을 공유하고 쌓아 가는 기쁨은 더할 것입니다. 사람과 사람이 만나 대화가 오고 가기 위해서는 공통된 그 무엇이 있어야 하는데, 함께 나눈 책은 훌륭한 공통분모 역할을 합니다. 말 그대로 문화적 자산입니다.

더 나아가 한 권의 책이 1년 내내 힘들게 공부한 그 어떤 것보다 나을 수 있습니다. 어떤 글의 일부분이 아니라 책 전체에 담긴 세계와 내가 가진 마음이 만나 일으키는 가락은 어쩌면 공부의 본질에 더 가깝기 때문입니다.

3장

온작품읽기에는 어떤 힘이 있을까요?

김강수

온작품읽기의 출발

아이들은 자기 몸과 마음의 바깥에 있는 것들을 하나하나 겪으며 자라납니다. 겪으면서 세상을 배우고, 살아갈 힘을 얻습니다. 교사는 아이들이 겪은 것들이 마음속으로 들어갈 수 있도록 길을 터 주고, 그것이 동무들의 마음과 만날 수 있도록 다리를 놓아 줄 수 있습니다. 아이들은 그 다리를 따라 동무들과 나누면서 나날이 자라날 수 있을 것입니다.

집을 짓거나 옷을 짓거나 밥을 짓는 것이 몸으로 겪는 일이라면 책을 함께 나누어 읽는 것은 마음으로 겪는 일이라고 할 수 있지요. 몸으로 겪는 일만큼 마음으로 겪고 나누는 일도 중요하다고 생각했습니다. 그런 생각 때문에 매주 한 권씩 아이들과 함께 읽었습니다. 8년이 넘었습니다.

아이들은 오랫동안 몸으로 겪어 왔고, 몸을 움직여 배움을 여는 것에 익숙해 있기 때문에 마음으로 다른 이들의 삶을 겪거나 이를 다른 이들과 나누는 것에 더 어려움을 느낍니다. 하지만 마음으로 겪는 것은 눈으로 보고, 귀로 듣고, 만져 보는 날것의 겪음보다 새롭습니다. 새로움은 보거나 듣거나 만져 보지 못한 것에서 나올 때가 많습니다. 이것이 바로 상상력입니다. 상상력이라고 부르는 마음의 힘은 책을 읽을 때 가장 힘차게 움직입니다.

아이들이 무언가 힘차게 열어 가려고 할 때 북돋아 주는 것이 선생이라고 생각했습니다. 머리를 쓰다듬어 주거나 잘했다고 다정하게 말해 주는 것이지요. 머리를 쓰다듬어 주는 것처럼 저는 아이들에게 책 한 권을 내어놓았습니다. 책을 읽으며 아이들이 더 힘을 내면 좋겠다고 생각했지요. 그렇게 한 권 한 권이 이어져서 아이들에게 세상을 살아가는 힘줄이 되어 주기를 바랐습니다.

온작품읽기의 어려움

매주 한 권씩 책을 읽을 수 있다면 얼마나 좋을까 생각했습니다. 책 속에 들어 있는 많은 사람들의 삶을 같이 느끼고 생각할 수 있다면 얼마나 좋을까? 다른 이들의 삶을 함께 이야기하면서 나의 삶과 친구들의 삶을 다시 돌아볼 수 있다면 얼마나 좋을까? 다른 이들이 살아간 길을 따라 여행을 하다 보면 내가 걸어갈 길을 열 수 있는 힘도 생길 텐데, 그러면 또 얼마나 좋을까? 이게 진짜 살아 있는 공부가 아닐까 생각했지요.

하지만 함께 책을 읽는 것은 어려웠습니다. 매주 책 한 권을 준비하는 것이 어려웠고, 글을 읽어 내는 힘이 뒤처지는 아이들이 있어서 어렵기도 했습니다. 책을 읽고 나서 이를 아이들과 어떻게 나눌지 가늠이 되지 않을 때도 있었습니다. 하지만 가장 어려운 것은 아이들이 책 속으로 빠져들지 않을 때였습니다.

공부는 스스로 하는 것입니다. 스스로 하고자 하는 마음이 없을 때 공부는 아이들 것이 아니고 선생님이나 부모님 것이 되어 버리고 맙니다. 우리는 그런 것을 수없이 보았고, 아이들이 어른들의 로봇이 되어 살아가고 있는 것을 지켜볼 때도 있지요. 안타까운 일입니다. 책 읽기조차 그래야 한다면 어쩌나 싶었습니다. 어른들이 읽으라고 하는 것들을 힘겹게 읽어 내며 하루하루를 보낸다면 어른이 되어서 다시 책을 읽을 수 있을까요? 아무래도 그건 상상하기 싫은 장면이 될 것 같았습니다.

그러니 온작품읽기에서 가장 먼저 해야 할 것은 스스로 읽을 수 있도록 힘을 주고, 스스로 읽을 수 있도록 길을 터 주는 것입니다. 그렇게 하지 않고는 아이들과의 책 읽기가 한 발자국도 앞으로 나아갈 수 없을 것이라 생각했지요.

온작품읽기의 희망

저는 우리 집 식탁 위에 신영복 선생의 글 한 조각을 넣어 두었습니다. 밥 먹을 때마다 어쩔 수 없이 보게 되는 글입니다.

> 배운다는 것은 자기를 낮추는 것이다.
> 가르친다는 것은 다만 희망에 대해 이야기하는 것이다.
> 사랑한다는 것은 서로 마주 보는 것이 아니라 같은 곳을 함께 바라
> 보는 것이다.

가르친다는 것은 희망에 대해 이야기하는 것이라 했습니다. 책을 읽도록 이끌어 내는 것도 가르치는 것이라면, 나는 '책의 희망'에 대해 이야기를 해야 할 것 같았습니다. '책을 읽어라, 읽어라.' 하지 않고, 책을 읽을 때 어떤 세상을 만날 수 있는지, 나를 옭아매는 살아 있는 고민들을 어떻게 뚫을 수 있는지 이야기해야 하는 것이지요. 그 일은 내가 가르치는 선생이기 때문에 늘 해야 하는 일이고, 늘 곤두서야 하는 마음이라 생각했습니다.

송천분교에서 처음 온작품읽기를 할 때 '온작품읽기' 대신 '함께 읽어요'라고 이름을 지었습니다. 그리고 부모님들께 '함께 읽어요'가 무엇인지 알리는 편지를 썼습니다. 부모님들에겐 매주 한 권의 책을 준비하는 것이 힘들고, 아이들은 매주 한 권의 책을 읽는 것

이 힘들고, 선생님들도 책으로 어떤 이야기를 나눌지 고민하는 것이 힘들 것 같다고는 했지만 희망이 있을 것 같았습니다. 매주 한 권씩, 1년에 40권의 책을 읽으면 학교를 졸업할 때쯤이면 240권을 읽게 됩니다. 그렇게 많은 책을 읽은 아이들은 분명 처음과 다를 것 같다고 했습니다.

책을 읽지 않은 아이와 책을 읽은 아이가 어떻게 다를지, 또 어떻게 달라질지 모릅니다. 하지만 책을 읽어 본 이라면 누구나 느낄 수 있는 그런 느낌을 아이들이 겪을 수 있으면 좋겠다는 이야기를 썼습니다. 그러니까 그때의 안내장은 그냥 책 읽기의 희망에 대한 이야기였습니다. 부모님들은 그 희망을 함께 품어 주었고, 형편이 닿는 대로 책을 준비해 주셨습니다. 그게 송천분교 '함께 읽어요'의 시작입니다.

그리고 매주 '우리 반 공부 이야기'에 새롭게 읽을 책 이야기를 썼습니다. '우리 반 공부 이야기'는 매주 공부할 거리나 공부하면서 있었던 일을 담아 보내 주는 것인데, 여기에는 앞으로 해야 할 공부에 대한 이야기도 있지만 그것이 지난주와 어떤 흐름을 가지는지, 무엇을 어떻게 하고자 하는지, 공부의 본바탕을 밝히는 이야기도 많이 담겨 있습니다. 또 아이들과 살면서 일어나는 여러 가지 일을 써 두었기 때문에 교실 전체의 일기장 비슷한 느낌도 있었지요.

'우리 반 공부 이야기'에 누가 쓴 책이고 어떤 이야기가 담겨 있고, 우리 반은 이 책을 어떻게 읽을 것인지 주저리주저리 썼습니다. 아이들은 '우리 반 공부 이야기'에 쓴 책을 일주일 동안 읽어 냈습니다. 처음에는 글자를 읽는 것 자체가 힘들고 어려운 아이도 있었고, 쫓기듯이 책을 읽는 것이 못마땅한 아이들도 있었습니다. 그렇지만 다 읽고 나서 아이들과 함께 이야기 나눌 때 그 느낌이 좋았습니다.

2시간 내내 책 이야기만 하는데도 하나도 힘들지 않았습니다. 어쩔 때는 함께 웃기도 하고, 어쩔 때는 모두 쓸쓸한 마음이 되기도 했습니다. 책에 나오는 인물 이야기를 할 때도 있었고, 책에 나오는 대로 흉내 내기를 할 때도 있었고, 어떤 날은 돌아가면서 마음에 드는 장면을 찾아 읽기도 했습니다. 그렇게 우리들은 책 속으로 난 길을 따라 천천히 걸어 들어갔고, 그 속에 잠시 머무르며 함께 나누는 즐거움을 알아챌 수 있었지요.

신영복 선생님은 사랑한다는 것은 서로 마주 보는 것이 아니라 같은 곳을 함께 바라보는 것이라고 했습니다. 가르치고 배우는 것도 서로 마주 보는 것이 아니라 같은 곳을 함께 바라보는 것일지 모릅니다. 아이들과 나는 가르치는 자와 배우는 자를 나누지 않고 하나의 책을 바라보며 그 속에 들어 있는 사람들의 삶을 함께 보았습니다.

아이들에게 책을 읽자고 말한 것은 저였지만, 책으로 난 길을 따라가다 보면 때로는 아이들이 희망을 말하는 선생님이 되기도 했습니다. 긴 책을 읽을 때는 먼저 읽은 아이가 희망이 되었습니다. 한 권의 책을 읽고 난 뒤 그 작가가 쓴 책을 두루 읽어 보고 이야기를 하는 것도 아이들이었습니다. 모르는 것이 있을 때, 이야기 나눌 때, 무언가 길이 엇갈리거나 막힐 때 뚫어 주는 것도 아이들이었습니다. 사람 셋이 걸어가면 그 속에 반드시 스승이 있다는 말을 들었는데, 아이들과 함께 나누면서 그 말이 맞다는 것을 알았습니다.

저는 그 이야기판에서 때때로 아이들의 이야기에 힘을 북돋아 주었고, 힘들어 하는 아이가 있으면 천천히 가도 된다고 말해 주었습니다. 그저 아이들이 책을 멀리하거나 싫어하지 않기를 바랐지요. 아이들이 이야기를 읽으며 웃고 울고 눈물 흘리며 짜증 내다가 기어이 후련한 마음이 되는 사람으로 자라날 수 있기를 바랐습니다. 그것이 선생인 저의 희망이었습니다.

삶을 나누는 온작품읽기

모든 공부에서 시작은 살펴보기이다. 살펴보기를 통해 공부의 내용을 파악하고 학생들에게 공부에 대한 호기심과 동기를 이끌어 낼 수 있다. 이 과정에서 교사는 학생들에게 다양한 정보를 여러 가지 방식으로 제시해야 하며, 그것을 통해 학생들이 자신의 삶에 들어 있는 공부의 실마리를 찾아낼 수 있게 해야 한다.

— 〈송천분교 교육과정〉 중에서

〈송천분교 교육과정〉에서는 모든 공부의 시작이 '살펴보기'라고 했습니다. 우리는 책 안에 들어 있는 사람들을 살펴보았습니다. 그리고 서로 물었지요. 왜 그렇게 살 수밖에 없었는지, 어떤 시대였는지, 왜 용기를 내지 않는지, 왜 서로 돕지 않는지를 물었습니다. 때로는 책 속에 나오는 어려운 낱말을 묻기도 했고, 가끔은 그런 일이 진짜 있었는지 묻기도 했습니다.

아이들이 묻지 않으면 교사인 제가 질문을 던지기도 했습니다. 어느 장면에서 그런 느낌이 들었는지를 묻기도 했고, 왜 그렇게 느끼는지 묻기도 했지요. 제가 아이들에게 물어본 것은 사람들 삶을 꾸밈없이 드러낼 수 있는 실마리가 되기도 했지만, 어떤 것들은 우리 반 아이들의 생각을 갑갑하게 가둘 때도 있었습니다.

저학년 아이들에게는 "너희도 그런 적이 있냐."라고 물어볼 때가 많았습니다. 그러면 아이들은 "나도 그런 적이 있어요." "우리 할아버지도 그랬어요." "우리 집하고 똑같아요." 하고 대답을 해 주었습니다. 책을 읽다 말고 자기 이야기를 꺼내는 아이들이 많아서 자주 멈출 때가 있었지요. 아이들의 이야기가 길어지면 중간에 끊곤 했는데, 지금 생각해 보니 가만히 놔둘 걸 그랬나 봅니다. 그러면 진짜 살아 있는 이야기판이 되었을 것 같습니다.

가끔씩은 책 속의 이야기가 지금의 삶으로 돌아오도록 길을 놓기도 했습니다. 《김구·전태일·박종철이 들려주는 현대사 이야기》(함규진, 철수와영희)를 읽으면서 지금 엄마 아빠는 어떠한지 물었고, 《내 이름은 삐삐 롱스타킹》(아스트리드 린드그렌, 시공주니어)을 읽으면서는 만약 삐삐처럼 어른보다 힘이 세다면 어떻게 할 것인지 물었습니다. 《까마귀 소년》(야시마 타로, 비룡소)을 읽으면서는 누가 까마귀 소년이고, 누가 놀리는 아이인지를 물었지요. 아이들은 물으면서, 또 물음에 답하면서 책에서 살아 있는 삶으로 걸어 나왔습니다.

책을 읽고 나서 어떻게 하면 삶의 이야기를 꺼낼 수 있을까 고민했습니다. 어떤 날은 그냥 이야기만 나누기도 했지만 어떤 날은 아이들에게 뭘 하고 싶냐고 물어보았지요. 《돼지책》(앤서니 브라운, 웅진주니어)을 읽고 나서는 집에서 엄마가 하는 일을 써 보았고, 《방귀쟁이 며느리》(신세정, 사계절)를 읽고 나서는 나에게도 숨은 자랑거리가 있다면 무엇인지 이야기해 보자고 했습니다. 저는 책에서 일러 준 대로, 또 아이들이 하자는 대로 하기만 했지요. 그렇게 하고 나면 그냥 책 한 권이 아니라 내 삶을 드러내고 나눌 수 있는 씨앗이 되곤 했습니다.

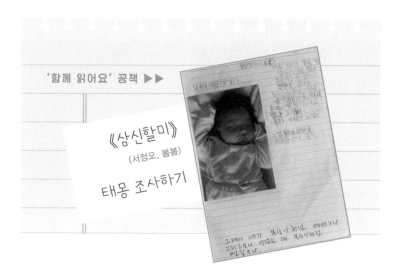

'함께 읽어요' 공책 ▶▶

《삼신할미》
(서정오, 봄봄)

태몽 조사하기

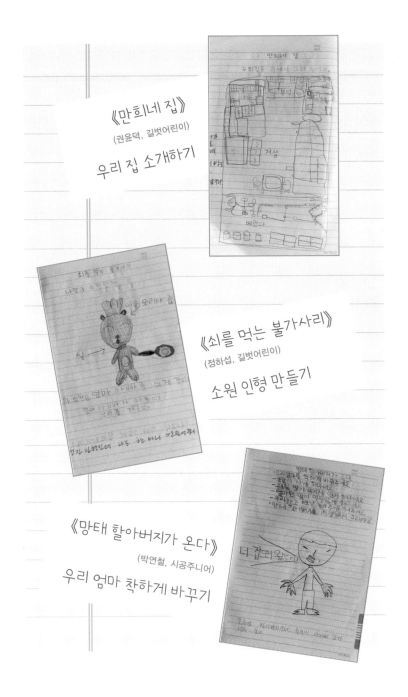

《만희네 집》
(권윤덕, 길벗어린이)

우리 집 소개하기

《쇠를 먹는 불가사리》
(정하섭, 길벗어린이)

소원 인형 만들기

《망태 할아버지가 온다》
(박연철, 시공주니어)

우리 엄마 착하게 바꾸기

《호랑이 뱃속 잔치》
(신동근, 사계절)

호랑이 뱃속 그려 보기

《아무도 모를 거야, 내가 누군지》
(김향금, 보림)

내 얼굴 그리기

삶을 느끼는 온작품읽기

'나리꽃'이니 '제비꽃'이니 하듯이 푸나무의 생식기관을 본디 '꽃'이
라 부른다. 꽃이라는 생식기관으로 암수가 어우러져서 비로소 새

로운 목숨의 씨앗이 생겨난다. 꽃은 목숨의 씨앗을 생기게 하는
샘이며 집이다. 그런데 우리 겨레는 '꽃비'니 '꽃물'이니 '꽃댕기'니
또는 '눈꽃'이니 '불꽃'이니 '자랑꽃'이니 하면서 목숨의 샘처럼 종
요로운 것에다 '꽃'으로 이름을 붙여 쓴다. 여럿이 모여 이야기를
주고받으며 기쁨과 즐거움을 마음껏 나누면 '이야기꽃'이 피었다
고 한다. 그러니 '말로 이루어지는 예술'을 '말로 이루어 놓은 꽃',
'말 가운데 가장 종요로운 꽃'이라는 뜻으로 '말꽃'이라 부르면 어
떨까.

- 《배달말꽃》(김수업, 지식산업사)

문학은 예술입니다. 그리고 훌륭한 예술 작품은 사람의 마음을
웅웅 울리게 하지요. 보통 문학작품은 글말로 이루어진 것들만 이
야기할 때가 많습니다. 김수업 선생님은 입말로 된 문학도 싸잡을
수 있도록 문학이라고 하지 말고 '말꽃'이라고 부르자 했지요. 그렇
게 바꾸어 놓고 나니까 말꽃은 말로 사람의 마음을 울리는 모든 것
들을 아우르게 됩니다. 입말로 부르는 노래나 흉내 내는 놀이, 재
미난 이야기가 모두 말꽃이니까요.

학교에서는 아이들이 말꽃을 피울 수 있도록 해야 합니다. 마음
을 다해 노래를 불러야 하고, 신나게 뛰어 놀아야 하고, 소곤소곤
이야기꽃을 피워야 합니다. 그렇게 말꽃을 피우는 아이들은 제 삶
의 꽃도 제대로 피울 수 있을 것입니다.

억눌려서 부르는 노래, 억지로 시켜서 하는 놀이, 듣기만 강요하

는 공부로는 삶의 꽃을 피울 수 없습니다. 제 이야기를 할 수 있도록 해야 하고, 제 삶을 들여다보게 해야 말꽃을 피울 수 있고, 삶도 가꿀 수 있습니다. '온작품읽기'는 그 자체가 이미 '말꽃'이지만 아이들에게 새로운 '말꽃'을 피울 수 있도록 하는 거름이 되기도 합니다. 그냥 글을 읽고 마는 것이 아니라 글에서 무언가 느끼는 것이지요. 슬프거나 기쁘거나 신나거나 아프거나 하는 느낌이 거름이 되어 줍니다.

느낌은 생각보다 더 몸에 붙어 있습니다. 그래서 따로 설명하지 않아도 아이들은 느낍니다. 《만국기 소년》(유은실, 창비)을 읽을 때입니다. 아이들은 책을 읽으면서 주인공이 사고 싶은 샤프를 생각하고, 동생이 먹으려는 매운 떡꼬치를 생각하며 침을 삼킵니다. 그러다가 한없이 쓸쓸해져서는 책에서 빠져나옵니다. 《짜장 짬뽕 탕수육》(김영주, 재미마주)을 읽으면서는 "잘 돌던 팽이가 죽을 때쯤이면 덜덜덜 떨리듯이" 불안한 마음이 무엇인지 함께 공감하기도 하고, 《문제아》(박기범, 창비)에서는 의자로 친구를 때릴 수밖에 없었던 아이의 억울함을 느끼지요.

느낌은 몸에 가까운 것이기 때문에 몸이 있는 사람이라면 누구나 나눌 수 있습니다. 내가 아닌 누군가의 마음이 되어 보거나 그 마음을 함께 응원하기도 합니다. 그 정도는 아니지만 적어도 '그럴 수도 있겠구나.' 이해를 하지요. 등장인물과 함께 느끼는 것입니다. 다른 이들의 마음을 함께 느끼는 일이 많아질수록 세상을 넓게 보는 힘이 생길 것 같습니다. 교실에서 함께 읽으며 우리는 조금씩 더 느낌을 나눕니다. 나는 느끼지 못하고 지나친 것들을 다른 아이의 이야기 속에서 느끼기도 하고, 누군가가 던진 물음을 풀어 가면서 '아하! 그런 느낌이구나!' 깨닫기도 했습니다.

　때로는 다른 아이들이 쓴 글을 함께 돌려 읽으며 고개를 끄덕일 때도 있었지요. 1학년을 맡았을 때였나 봅니다. 《싸개싸개 오줌싸개》(이춘희, 사파리)를 읽고 똥과 오줌을 싼 경험을 나누었습니다. 아이들은 부끄러워서 드러내기 어려운 이야기를 용기 있게 써 주었고, 그중 몇 편의 글은 같은 경험과 느낌을 가지고 있는 아이들의 마음을 편안하게 해 주었습니다.

　《훨훨 간다》(권정생, 국민서관)를 읽으면서는 그 옛이야기 속에 들어 있는 입말이 얼마나 신나는 말이었는지를 다른 친구들의 몸짓으로 느끼기도 하고, 《여우누이》(김성민, 사계절)를 읽고 나서는 커튼을 내리고 오싹오싹 무서운 이야기꽃을 피우기도 했습니다. 《고구마는 맛있어》(도토리, 보리)를 읽고 나서는 학교 텃밭에 고구마 순을 놓았습니다. 고구마 순을 놓으며 그 순이 자라서 열릴 굵은 고구마 열매를 생각했을 겁니다.

　맥락을 파악하는 것은 새 국어 교육과정에서 아주 중요하게 다루는 개념입니다. 지식을 단편적으로 늘어놓는 것에서 벗어나려고 하는 것 같습니다. 하지만 정작 교과서를 만들 때는 맥락을 고려하지 않고 문학작품을 쪼개거나 수단으로 만들었습니다. 쪼개진 지식을 가르치기 위한 문학은 더 이상 문학이 아닙니다. 그러니까 말에서 핀 말꽃도 아니지요. 말꽃이 되려면 먼저 느낌이 와야 합니다. 느낌은 설명하지 않아도 저절로 몸으로 오는 것이니까 말을 하고 글을 읽을 수 있는 이라면 누구든지 알 수 있습니다.

아이들이 말꽃을 몸으로 느낄 수 있도록 온작품을 주어야 합니다. 그리고 서로 느낌을 나눌 수 있도록 해야 합니다. 그러면 아이들 제 삶과 다른 이의 삶이 서로 섞일 수 있을 것입니다. 말꽃을 열어 놔야 삶꽃을 열어 갈 수 있습니다.

온작품읽기의 힘

아이들과 함께 온작품읽기를 시작한 지 8년이 되었습니다. 오랜 시간이지요. 그쯤 시간을 들인 선생님이라면 온작품을 읽으며 말꽃을 피우고 삶의 꽃도 피워야 하는데 저에게는 그런 장면이 많지 않습니다.

위기철이 쓴《생명이 들려준 이야기》(위기철, 사계절)를 읽을 때였습니다. 일부러 정태춘의 〈우리들의 죽음〉 노래를 들려주었습니다. 제가 느낀 것을 아이들도 느끼면 좋겠다 싶었지만, 아이들은 그러지 못했습니다. 느낌은 가르치는 것이 아니라는 것을 깨달았지요. 시인 바쇼가 주인공인《시인과 여우》(팀 마이어스, 보림)를 읽으면서는 좋은 시가 무엇인지 느끼려 했지만 아이들은 더 나아가지 못했습니다. 그러고 보니 시를 쓴다는 것이, 시를 읽는다는 것이 삶에서 어떤 의미가 있는지 저도 잘 알지 못했던 것 같습니다.

8년을 읽었지만 늘 새로웠습니다. 내가 잘 모르는 것이 무엇인지, 내가 성급한 것이 무엇인지, 아이들의 마음을 헤아린다는 것이 무엇인지 깨달아 가는 과정이었습니다. 올해도 그럴 것 같습니다. 저는 늘 그러했듯이 일주일에 한 권씩 아이들과 책을 읽을 것이고, 함께 나누려 애를 쓸 것입니다. 스스로 말꽃을 피우고 삶을 가꾸어 갈 수 있다면 더 좋겠지요.

하지만 반드시 놓치지 않고 가야 할 것이 있습니다. 책을 싫어하지 않는 마음입니다. 아이들이 지금 당장 마음을 터놓지 않아도 되고, 느낌을 나누지 않아도 상관이 없습니다. 그저 책과 함께한 경험이 중요한 것이지요. 행복한 경험이어야 합니다. 그래야 아이들이 다시 책을 들 수 있는 힘이 생기니까요. 가르친다는 건 아이들에게 힘을 주는 일이어야 할 것 같습니다.

2부

온작품읽기의 방법

4장

온작품읽기 바탕 다지기

장상순

온작품읽기를 왜 해야 하는지 알고 시작하기

선생님들은 아이들에게 이야기를 들려줍니다. 함께 배우고자 하는 지식과 삶에 관련된 이야기입니다. 배움은 삶과 관련이 있습니다. 배움은 교과 지식을 아는 것이 아니라 지식으로 어떻게 살아가야 하는지를 배우는 것입니다. 함께 나누는 이야기에 따라 아이들의 배움은 달라집니다. 아이들은 삶과 관련된 이야기를 많이 듣거나 읽어야 합니다.

선생님들의 고민은 좋은 이야기를 찾는 것입니다. 교과서에 이야기가 있어도 아이들의 삶과 맞지 않거나 전체를 다루지 않았다면, 삶을 배울 수 있는 다른 이야기를 찾습니다. 좋은 이야기를 찾는 것이 좋은 수업의 시작입니다. 온작품읽기는 많은 선생님이 좋은 이야기를 찾기 위해 노력한 결과입니다.

온작품읽기는 몇몇 학교에서 수년 전에 시작되었습니다. 그 좋은 경험이 널리 알려져서 이제는 많은 선생님이 실천합니다. 학교 선생님들이 모두 실천하는 곳도 늘어났습니다. 온작품읽기를 시작하는 선생님들은 처음에 많은 어려움을 겪습니다. 이때 먼저 겪은 선생님들의 경험이 필요합니다. 제가 겪은 몇 년간 경험을 바탕으로 온작품읽기를 시작할 때 알아야 할 것들을 살펴보았습니다.

새로운 교육 활동을 실천할 때는 왜 해야 하는지를 알아야 합니다. 온작품읽기도 그렇습니다. "우리는 혁신학교이니 다 해야 합니다. 다른 학교 선생님들이 하는데 우리도 해 봅시다."라고 이끌어 가는 몇 사람의 권유로 마지못해 시작하면 온작품읽기는 실패합니다. 스스로 시작했어도 온작품읽기의 바탕과 뜻을 알아야 합니다. 교육 활동에 대한 뜻이 분명하지 않으면 결과에 따라 쉽게 포기합니다. 그리고 힘든 업무로 생각합니다.

온작품읽기는 왜 해야 할까요? 여러 까닭이 있으나 국어교과서를 재구성해야 하는 것이 가장 큽니다. 우리나라는 하나의 민족이 하나의 말을 씁니다. 국어교과서가 의사소통 중심으로 만들어지지 않아도 됩니다. 의사소통 방법을 배우는 것도 중요하지만 우리는 태어나면서부터 말을 자연스럽게 배우고 문화 경험을 통해 글도 쉽게 터득합니다. 의사소통 중심의 국어교과서는 영역 중심으로 단원이 구성되어 있어서, 읽기와 문학 영역을 제외하고는 작품을 그대로 싣지 않습니다. 중등학교보다 초등학교 교과서가 더욱 그러합니다. 기능 중심의 언어 교육을 위해 작품을 조각내어 교재로 사용하고 있습니다. 그래서 국어 교과를 이야기할 게 없는 재미없는 교과로 여깁니다.

국어과는 말과 글을 배우며 말과 글로 만들어지는 삶을 함께 배우는 교과입니다. 삶을 온전하게 담은 작품으로 말과 글을 배우고, 삶을 살펴 나를 키워 가도록 교재를 구성해야 합니다. 국어 교과의 올바른 뜻을 알고 온작품읽기를 해야 합니다.

온작품읽기를 독서교육으로 보는 사람도 있습니다. 책을 멀리하는 아이들에게 책 읽는 올바른 습관을 길러 주기 위해 온작품읽기(온독서)를 합니다. 좋은 책 고르는 법과 책 읽는 재미를 알게 하고 꾸준히 책을 읽게 하면 독서에 도움이 됩니다. 하지만 온작품읽기는 독서교육만이 아닙니다. 독서교육에만 머물러서는 안 됩니다. 교사는 온작품읽기로 아이들의 삶을 더 풍요롭게 해 줍니다. 그러기 위해 교사는 온작품으로 교육과정을 재구성하고 교재를 만드는 전문가가 되어야 합니다.

온작품읽기는 새로운 시작입니다. 교과서로 배우지 못하는 온전한 삶, 우리가 추구해야 하는 삶에 대한 배움을 주기 위해 온작품읽기가 필요하다는 믿음이 있어야 합니다. 국정교과서로는 담을 수 없는 것이 많다는 것과 대안이 필요하다는 것도 알아야 합니다.

혼자 하지 말고 여럿이 함께하기

무슨 일이든 혼자 하는 것보다 여럿이 함께하면 좋습니다. 여럿이 함께하면 일이 힘들어도 서로 격려하며 이겨 냅니다. 문제가 생기면 함께 해결합니다. 좋은 생각을 나누어 서로에게 도움이 됩니다. 온작품읽기도 그렇습니다. 학년에 따라 정한 책이 아이들에게 잘 맞는지도 혼자서는 쉽게 알 수 없지만 여러 선생님이 뜻을 모아 실천 결과를 나누면 더 쉽습니다. 똑같은 작품이라도 아이들이 받아들이는 것이 다릅니다. 아이들이 사는 마을이나 가정환경이 다르기 때문입니다. 이러한 것도 함께하는 선생님들과 이야기를 나누면서 압니다. 책을 읽고 나타나는 반응과 배움이 똑같을 필요는 없습니다. 하지만 함께 생각하고 친절하게 준비하면 온작품읽기가 풍요로워집니다. 여럿이 함께해야 더 풍요롭습니다.

학교 교육과정에 온작품읽기를 넣어서 하는 경우에는 선생님들이 시간을 내거나 교육과정 평가회 때 실천 결과를 이야기합니다. 경우에 따라서는 여러 학년 선생님이 보는 온작품읽기에 대한 의견이 달라 혼란이 있습니다. 그러나 뜻을 함께 모으고 실천해서 문제를 해결하고 나눈다면 좋은 결과를 얻습니다. 나 혼자 실천해서 오는 잘못이 줄어듭니다. 특히 시작 단계에 있다면 함께 자주 모여서 실천 결과를 나누고 평가하면서 서로 배우는 시간을 많이 가지는 것이 좋습니다. 그래야 힘도 나고 꾸준하게 온작품읽기를 실천할 수 있습니다.

학급 교육과정에 온작품읽기를 넣어 혼자 실천하는 선생님들은 지역에서 실천하시는 분들을 찾아 이야기를 나누면 서로 많은 도움을 주고받을 수 있습니다. 특히 전국 여러 곳에 있는 전국초등국어교과모임(http://www.urimal.or.kr) 지역 모임에 참여하면 좋은 정보를 얻거나 나눕니다. 제가 있는 가평에서 10년째 모임을 하고 있는 선생님들은 모임에서 정한 온작품을 읽어 주고 활동한 결과를 서로 나눴습니다. 같은 책이라도 학년과 지역, 학교 환경 등에 따라 아이들이 이해하고 말하는 내용이 다른 것을 알았습니다. 온작품에 대한 아이들의 반응이 다른 까닭을 함께 살펴서 읽기 좋은 작품을 골랐고, 아이들과 함께 수업할 때 나타나는 문제점도 대비할 수 있었습니다.

온작품읽기 시간 만드는 방법

온작품읽기를 하려는 선생님들은 시간이 없어서 고민합니다. 집에서 읽게 할까, 쉬는시간에 읽게 할까, 아침활동시간에 이야기를 나눌까 걱정합니다. 가장 좋은 것은 교육과정 운영시간에 온작품읽기 시간을 넣어 함께 읽거나 이야기를 나누는 것입니다. 온작품읽기에 대한 동기 부여가 힘들면 수업시간에 자연스럽게 온작품을 읽고 이야기하는 것이 좋습니다. 처음 온작품읽기를 하는 경우에는 더욱 그렇습니다. 집에서 읽거나 쉬는시간에 읽는 것은 몸에 익지 않기 때문에 아이들에게 힘듭니다.

학교에서 함께 온작품읽기를 실천하는 경우의 예를 들어 보겠습니다. 그 학교는 일주일에 2시간을 교육과정에 넣어 합니다. 정해진 2시간 동안 책을 읽거나 이야기를 나누고 여러 활동을 합니다. 그런데 주당 2시간을 배정하는 것이 쉬운 것은 아닙니다. 어디에서 시수를 확보해야 할까요?

창의적 체험활동은 교사의 계획에 따라 다양한 활동을 하는 시수를 확보해 줍니다. 그런데 영역별 활동 시수를 지켜야 하고, 꼭 해야 할 교육 내용과 학교에서 함께하는 동아리 활동 시수를 빼면 선생님들이 자율적으로 활용할 수 있는 시간은 거의 없습니다. 창의적 체험활동에서 시간을 확보하기 어렵기 때문에 국어시간을 활용하는 것이 좋습니다. 국어과에서는 읽기시간을 활용합니다. 읽기의 성취 기준을 살펴보면 책 내용에 상관없이 시간을 배정해도 다 관련됩니다. 간혹 갈래별 작품을 고려해야 할 수도 있지만 주당 2시간을 확보하는 것은 쉽습니다.

국어과 통합 교재 구성으로도 온작품읽기 시간을 만들 수 있습니다. 쓰기, 말하기, 듣기 영역의 성취 기준도 연결해 보면 다 관련이 있습니다. 영역을 통합해서 온작품을 선택하고 재구성하면 온작품읽기 시간을 더 확보할 수 있습니다.

함께 읽고 싶은 온작품이 많아서 국어시간이 부족한 경우도 있습니다. 이때는 온작품읽기 시간을 만들기 위해 주제를 정하고 여러 교과를 묶어서 교육과정을 재구성합니다. 사회, 과학, 예술 등 여러 교과 수업을 통합하고 온작품을 교재로 연결합니다. 온작품을 이야기하고 교과 특징을 살린 관련 활동을 합니다. 예를 들어 환경 동화를 온작품으로 정했으면 사회, 과학의 환경 관련 단원을 통합해서 부족한 시간 문제를 해결합니다. 이러한 주제 통합은 여러 교과 교육과정을 재구성하여 사용하는 선생님들이 실천하는 방법입니다. 다만 이렇게 하기 위해서는 학년이 시작되기 전 교육과정 분석과 재구성 계획을 바탕으로 온작품읽기 목록 선정을 미리 해야 합니다.

온작품읽기 목록 만드는 방법

온작품읽기 목록을 만드는 것은 매우 중요한 일입니다. 온작품읽기 목록에는 온작품읽기를 하는 까닭과 교사가 가지고 있는 교육철학이 들어 있습니다. 온작품읽기는 아이들 삶을 담고 있는 작품과 온전한 삶의 모습을 알고 배우게 하는 작품으로 해야합니다.

온작품읽기를 시작할 때는 어떤 책을 읽을지 정합니다. 국어과나 동화책 읽기 등에 관심이 있는 선생님들은 많은 책을 읽은 것이 도움이 됩니다. 그러나 많은 책에서 몇 권을 고른다는 것은 쉬운 일이 아닙니다. 또 아이들 책에 관심이 없었던 선생님들이 목록을 정하는 것은 어렵습니다.

온작품읽기를 처음 시작하는 선생님들은 온작품읽기를 먼저 실천하고 있는 학교와 선생님들의 자료를 활용합니다. 그래서 온작품읽기를 하는 학교와 선생님들을 살펴보면 시험 준비할 때 보는 '족보'처럼 비슷한 책 목록이 많습니다. 문제는 그 목록으로 수업할 때 우리 반 아이들에게 맞지 않아서 어려움을 많이 겪는다는 것입니다. 시행착오를 줄이고 온작품읽기 본래의 뜻을 펼치려면 나만의 목록을 만들어야 합니다.

목록을 만들 때는 먼저 실천한 선생님들의 자료를 참고합니다. 그 목록에는 이미 검증된 작품이 많습니다. 아무 바탕 없이 새로 만들려면 좋은 책을 고르기 어렵습니다. 참고 자료는 대부분 학년별로 정리되어 있습니다. 먼저 내가 맡은 학년 아이들에게 맞는지 살펴봅니다. 내가 생각하는 내용과 같은지도 살핍니다. 읽은 작품이어도 자주 읽지 않은 경우에는 내용을 혼동합니다. 목록을 만들 때는 꼭 다시 읽어 봅니다. 참고로 하는 자료들이 오랜 실천으로 검증되었어도 하나하나 살펴서 나에게 맞게 뽑아내고 덧붙입니다. 이렇게 만들어진 온작품읽기 목록으로 수업을 해야 시행착오를 줄일 수 있습니다.

선생님들은 학년이 시작될 때 아이들과 학부모님들께 1년 동안 읽을 온작품읽기 목록을 알려 줍니다. 그런데 목록을 학기별로 제시할 수도 있습니다. 이 경우 2학기 목록을 정할 때 1학기 읽기 활동을 참고합니다. 1학기 활동을 하면서 선생님이 깨닫게 된 것들을 반영합니다. 아이들이 느낀 점도 살펴서 2학기 목록을 정합니다. 이때 아이들이 좋아하는 책과 그 까닭을 함께 묻고 답합니다.

아이들은 목록을 함께 만들면서 좋은 책을 서로 나누는 법을 배웁니다. 선생님들도 몰랐던 아이들의 책 세계를 배웁니다.

교육 활동을 지켜본 학부모님들의 의견을 반영해서 목록을 선정해도 좋습니다. 부모님이 경험을 바탕으로 추천한 책들이 아이들의 삶을 성장시키는 좋은 작품이 됩니다. 그리고 이 과정을 통해 선생님, 학생, 학부모가 책으로 자연스럽게 소통합니다.

몇 권이 적당한지 정답은 없습니다. 한 주에 한 권씩 읽으면 좋겠지만 권수에 집착할 필요는 없습니다. 저마다 처한 상황에 맞게 정합니다. 열 권이 한 권의 감동보다 못한 경우도 있어 열 권을 읽는 것보다 한 권의 좋은 작품을 찬찬히 읽는 것이 더 의미 있기도 합니다. 함께 읽는 아이들의 상황과 교사의 교육철학, 교육과정 재구성 등에 따라 적절한 권수의 목록을 만들어 활용합니다.

아이들 성장 살피기

온작품읽기 주체는 아이들과 선생님입니다. 아이들과 선생님은 책을 읽고 이야기를 하며 여러 교육 활동을 합니다. 아이들은 삶을 깨치고 성장합니다. 선생님도 그것이 교육으로 어떻게 자리매김하는지 경험하고 돌아보면서 성장합니다. 온작품읽기 전문가로, 교재 구성 능력을 가진 선생님으로 성장합니다.

가끔 성과주의나 개인의 만족감에 빠져 아이들의 성장을 살피지 못하는 경우가 있습니다. 온작품읽기를 실적으로 생각해서 몇 권을 읽었는지에 신경을 쓰고, 목록에 있는 책을 다 읽었는지를 중요하게 생각하면 안 됩니다.

온작품읽기 효과는 아이들의 성장이 얼마나 이루어지고 있는지를 살피면 알 수 있습니다. 그러나 아이들 사이의 관계나 배움의 자세, 가치관의 변화 같은 아이들의 성장은 계량화하기 어렵습니다. 선생님들이 전문가로서 아이들 성장을 살핍니다. 아이들이 친구들과 어떻게 지내는지 살핍니다. 함께 이야기하며 삶의 변화를 찾아봅니다. 온작품읽기를 하고 친구들과 소통하며 함께 배우고 성장하는지 살핍니다. 이것이 온작품읽기를 하는 까닭입니다. 늘 아이들 성장을 살펴 온작품읽기로 아이들을 어떻게 성장시킬지 고민합니다.

읽기의 본질 지키기

온작품읽기는 '읽기'로 다른 이의 삶을 살펴 나의 삶과 견주어 보고 내가 어떻게 살아가야 하는지를 배우는 활동입니다. 읽기 활동으로 삶을 배웁니다. 온작품을 충분히 읽고 그 속에서 삶을 찾습니다. 읽고 진실한 이야기만 나누어도 온작품읽기입니다. 물론 책을 읽고 하는 여러 교육 활동이 성장에 영향을 미치겠지만 '읽기'와 '생각 나누기'가 가장 중요합니다. 잘 들어야 이야기를 나누듯이 잘 읽어 내야 다양한 삶을 경험하고 성장합니다.

좋은 온작품은 여러 활동을 하는 책이 아니라 감동을 주는 책입니다. 그 감동을 더 깊게 하기 위해 활동이 필요한 것이지 활동을 위해 읽는 것이 아닙니다. 여러 가지 활동에 집착하면 형식주의에 빠집니다. 온작품읽기는 전체를 읽는 것입니다. 맥락을 무시한 채 부분만 읽고 활동하는 것이 아닙니다.

쉽게 시작하고 어렵게 마무리하기

도전은 용기가 필요합니다. 온작품읽기를 '할 수 있다'보다는 '마땅히 해야 한다'는 마음으로 쉽게 시작합니다. 그리고 어렵게 평가하며 마무리합니다. 다른 교육 활동처럼 온작품읽기도 평가가 중요합니다. 스스로 돌아보지 않으면 성장도 없고 본래의 뜻을 바르게 실천하지 못합니다.

책을 읽고 나눈 이야기를 반드시 살핍니다. '좋은 작품이었다.' '아이들의 성장이 이루어졌다.' '아이들의 삶에 도움이 되었다.' '다음 수업에서 무엇을 어떻게 할까?' 등을 잘 살펴서 한 꼭지를 마무리합니다. 결과는 반드시 기록으로 남겨 두어 다른 선생님들과 나누거나 스스로를 돌아보는 자료로 활용합니다. 촘촘하고 어렵게 평가하며 마무리할수록 다음 활동은 더 좋아지고 그것이 쌓여 선생님의 온작품읽기가 튼튼해집니다.

책 마련하는 방법

온작품읽기 목록에 있는 그림책이나 그림동화, 옛이야기는 선생님이 보여 주거나 들려주면서 함께 읽습니다. 그런데 긴 동화나 설명하는 책 등은 개인이 가지고 읽으면 좋습니다. 책을 가지고 읽으면 개인의 읽기 능력에 따라 맞춤형으로 읽고 이해합니다. 읽고 난 후 감동도 더 큽니다.

온작품읽기 책은 학교의 사정에 따라 다르지만 부모님께 구입을 권유하거나 학교에서 구입합니다. 학교에서는 같은 책을 여러 권 구입하기 어렵습니다. 또 선택한 목록에 따라 책이 부족한 경우도 생깁니다. 그래서 같은 학년이 많은 학교는 학급 운영비를 모아서 함께 구입하면 아이들 수만큼 책을 확보할 수 있습니다. 또 도서관 책 구입 예산으로 구입합니다. 학교는 일정한 예산으로 해마다 책을 구입합니다. 학년 시작 전에 미리 온작품읽기 목록을 도서계로 제출하여 구입 요청을 합니다.

여러 방법으로 책을 마련하지만 짧은 시간에 온작품읽기 목록 책을 모두 확보하기 어렵습니다. 그래서 네다섯 권씩 확보된 책을 가지고 모둠별 온작품읽기 활동을 합니다. 책 권수만큼 아이들이 모여 책 읽기를 하고 이야기와 관련된 활동을 합니다. 활동 결과를 모둠 신문이나 이야기 마당, 자료집 만들기 등의 방법으로 함께 나눕니다.

지금까지 온작품읽기를 해 오면서 겪은 어려움을 바탕으로, 시작할 때 알면 도움이 될 것들을 써 보았습니다. 아무리 좋은 뜻을 가진 교육 활동도 실천 방법은 다릅니다. 교육 활동이 이루어지는 학교 환경과 아이들을 고려하지 않고 따라 하는 교육 활동은 실패합니다.

온작품읽기도 마찬가지입니다. 온작품읽기를 통해 아이들의 삶을 풍요롭게 하려는 목적은 같지만, 실천 방법은 다릅니다. 가는 방법이 다를 뿐 도착하는 곳은 같습니다. 여기서는 제가 시작하여 가는 길을 정리했습니다. 많은 선생님의 시작을 기다립니다.

5장

온작품읽기 수업 짜기

이혜순

교육과정으로서의 온작품읽기

제가 있는 송천분교에서는 온작품읽기 공부를 2009년부터 시작했습니다. 교사들이 합의해서 9년째 통합 교육으로 하고 있습니다. 전교생이 함께하는 공부가 몇 가지 있습니다. 글 모음집, 자치활동, 동아리들이 있지만 무엇보다 꾸준히 하는 것은 '함께 읽어요'라고 부르는 온작품읽기 공부입니다. 교사들과 부모님들이 몇 년 동안 중요하다는 생각을 같이하며 함께해 나가고 있습니다. 송천분교 교육과정에는 온작품읽기가 다음과 같이 정리되어 있습니다.

통 합 교 육

상시 통합 학습

독서 활동 – 함께 읽어요

① 1주에 한 번씩 이루어지는 활동이다. 1주에 책 한 권을 정해 두고 아이들 모두가 그 책을 읽고 토론을 하거나, 독후 활동을 하거나, 그림을 그리거나, 이야기를 나눌 수 있도록 했다. 독서 활동은 아이들의 자람에 크나큰 영향을 끼친다. 아이들은 책과 가까이하고 책을 읽으면서 세상을 받아들이고 세상으로 나아갈 힘을 기를 수 있다. 이 활동을 매주, 매달, 매년 진행하고, 그것이 6년 동안 이루어졌을 때, 아이들은 깊은 생각을 할 수 있을 것이고, 넓은 마음을 가질 수 있을 것이다.

② 기본적으로 1주에 한 권씩 책을 선정한다. 다만 책 활용 수업을 1주 단위, 2주 단위, 한 달 단위 등으로 교사가 재량껏 할 수 있다. 새 학기 시작 전에 교사가 책을 미리 읽으면서 책 목록을 준비하고, 1년 단위가 아닌 한 학기 단위로 책 목록을 안내할 수 있다.

③ 책 목록은 교육과정에 학년별로 정해 놓지만 그해 학년 담임이 바꿀 수 있다.

④ 1학기 초에 연 1회 책 시장을 열어 '함께 읽어요' 목록 도서뿐만 아니라 다른 책도 함께 포함해서 필요한 책을 교환하거나 헌책 팔기 등을 한다. 도서관에 '함께 읽어요' 목록 권수를 한 해씩 점점 늘려 가도록 하여 구입하지 못한 아이들이 빌려 읽을 수 있도록 한다.

책 목록과 책 준비하기

2월에 학급 담임이 정해지면 가장 먼저 교사가 준비해야 하는 것은 온작품읽기인 '함께 읽어요' 목록을 정하고 그 책들을 읽어 내는 것입니다. 교과 교육과정도 살펴보고 학사 일정이나 계절 학습들도 살펴봅니다. 학년에 맞는 책들을 읽고 어떻게 공부할 것인지를 준비합니다. 그해 담임이 책 목록을 정하지만, 전년도에 그 학년에 읽고 공부한 자료를 바탕으로 약간의 수정과 보완도 합니다.

다음 학년에서 책이 겹치는 경우에는 학부모와 교사들이 몇 번 의논해 보고, 또 읽어도 좋고 교사마다 공부하는 내용이나 방법이 다를 수 있으니 그대로 두자고 한 적도 있었습니다. 하지만 학년별 연계성이나 책 구입의 문제점들을 생각해 되도록이면 학년별로 책이 겹치지 않도록 하는 게 좋습니다. 책 목록은 전체 회의보다는 겹치는 학년 교사들끼리 이야기를 나누어 조정했습니다.

책 목록이 정해지면 3월 첫 주나 둘째 주에 바로 학년별로 다음과 같은 안내장을 통해 그 해에 그 학년에서 함께 읽는 책을 아이들과 부모님들께 알려 드립니다.

안 내 장 예

안녕하십니까?

새 학년 새 학기가 되어 ○○○○년 송천 어린이들이 읽고 공부할 '함께 읽어요'의 목록을 선정했습니다. '함께 읽어요' 활동이란 1학년부터 6학년까지 통합 교육 활동으로 매주 한 권씩 책을 읽고 공부를 하는 것입니다.

도서목록은 각 학년의 담임선생님께서 매년 수정 보완해 선정된 책들로 구성하며 학기 단위나 1년 단위로 안내할 수 있습니다.(어떤 책은 한 달 혹은 한 학기 동안 읽으면서 공부할 수도 있습니다.) 교과 관련 책뿐만 아니라 학년에 맞는 내용, 그해 아이들의 책 읽기 수준을 고려해 선정하기도 합니다. 아무쪼록 책 준비가 잘 되어 아이들이 책과 함께 1년 동안 잘 자라기를 바랍니다. 올해부터는 학년별로 책 목록이 겹치지 않도록 조정했습니다.

'함께 읽어요' 활동과 관련해 학부모님들께 몇 가지 부탁드립니다.

첫째, '함께 읽어요'는 아이들에게 책을 읽는 것이 무척 재미있는 일이라는 것을 몸으로 깨닫게 하려는 데 첫 번째 목적이 있습니다. 그런데 책을 억지로 읽으라고 하면 아이들은 책이 더욱 싫어지겠지요. 책을 먼저 읽어 주시고 그 내용에 빠져들 때쯤 책을 넘겨주시는 것도 좋은 방법입니다. 우선은 부모님께서도 재미있게 읽을 수 있는 책을 골라 함께 시작해 주시면 더욱 좋을 것입니다. 가능하다면 부모님들도 함께 책을 읽고 그 책과 관련한 이야기를 나누면 좋겠습니다.

둘째, 책을 구하는 문제입니다. 책을 구하는 방법은 서점에 주문을 해 놓거나 인터넷으로 주문하는 등 구입을 하는 방법, 시립도서관이나 학교도서관 등을 이용해서 빌리는 방법이 있습니다. 두 방법 다 귀찮고 손이 많이 가는 일이긴 하지만 꼭 해 주시면 고맙겠습니다. 특히 글자가 많은 책은 돌려 읽기를 하기에는 내용이 많기 때문에 모두가 한 권씩 가지고 책을 읽으면 좋겠다는 생각입니다. 아이들이 책을 가까이한다는 것은 다른 어떤 것보다 소중한 일일지도 모릅니다.

아무쪼록 올해도 '함께 읽어요' 활동에 부모님들의 많은 관심과 협조를 부탁드립니다.

※ 각 학년 '함께 읽어요' 책 목록은 별도의 안내지에 있습니다.

이 안내장은 모든 학년에 똑같이 나가고 학년별 목록은 그 학년에서 전체 안내장에 붙여 보냅니다. 이렇게 3~4년이 지나고 나니 학년별로 책 목록이 어느 정도 정해지면서 선배가 읽은 책을 후배에게 물려주기도 합니다. 개인적인 책 물려주기를 공식적인 학교 행사로 가져온 것이 책 시장입니다. 3월 둘째 주 금요일에 1~2교시를 이용해 모든 아이들이 함께 책 시장을 열어 후배들이 선배들의 책을 구입할 수 있도록 했습니다. 아직까지는 저학년 책이 많이 나오지만 한 해 두 해 지나면서 책 시장에서 '함께 읽어요' 책을 점점 더 많이 교환하는 모습을 볼 수 있습니다.

책 시 장 안 내 문 예

송천분교는 교육 활동 중 독서 활동으로 전 학년이 '함께 읽어요'를 하고 있습니다. 독서 활동은 아이들의 자람에 많은 영향을 줍니다. 아이들은 책과 가까이하고 책을 읽으면서 세상을 받아들이고 세상으로 나아갈 힘을 기를 수 있습니다.

새 학기를 시작하면서 '함께 읽어요' 도서뿐만 아니라 다른 책도 함께 포함해 책 시장(책 바꾸는 날)을 엽니다. 올해도 책 시장을 1학기에 한 번만 열기로 했습니다.

자세한 내용은 아래를 참고해 준비해 주시기 바랍니다.

1. 내 용 : 송천분교 책 시장

2. 날 짜 : ○○○○년 3월 둘째 주 금요일 1~2교시(9:10~10:30)

3. 대 상 : 1~6학년 전교생, 학부모, 교직원

4. 장 소 : 현관부터 도서관 복도까지

5. 방 법

① 어떤 책을 가져올까요?

• 읽었던 '함께 읽어요' 책 중 팔거나 기증하고 싶은 것(개인 소장하고 싶은 사람 제외)

• 집에 있는 헌책 중 팔거나 기증하고 싶은 것(만화책도 가능)

② 무엇을 어떻게 준비할까요?

• 책 구입할 용돈(동전이나 천 원짜리 지폐로 준비하기, 너무 많은 돈은 가져오지 않기)

• 책 가격은 책의 원가나 책 상태를 보아 결정하며 최대 3천 원

넘지 않기

- 책에 미리 가격표를 붙여 오기
- 판매할 때 필요한 개인 돗자리나 책상, 의자 등은 스스로 준비하기

③ 참고하세요!

- 두 명씩 짝을 지어 번갈아 가면서 한 사람은 팔고 한 사람은 사러 다닐 수 있어요.
- 학부모도 판매와 구입에 참여할 수 있어요.
- 책 판매를 통해 얻은 수입은 개인이 알아서 사용하며, 부모님과 함께 새로운 책을 구입하는 데 사용해도 좋아요.
- 전 학년 '함께 읽어요' 목록을 참고하세요.

책 시장 연 날

그리고 학교 도서관에서도 '함께 읽어요' 책을 준비하고 있습니다. 책 구입이 어려운 친구들이 도서관에서 빌려 읽을 수 있도록 해마다 도서관 책을 살 때 '함께 읽어요' 책을 먼저 구입했습니다. 해가 지나며 각 책마다 세 권까지 구입이 된 것이 많아 새로운 책을 한꺼번에 세 권 구입하기도 했습니다. 그리고 책은 개인이 미리 빌려 읽기도 하지만 담임교사가 한 학기에 읽을 책을 미리 교실에 빌려 두기도 합니다. 이것은 책을 잘 챙기지 못하는 아이들이 공부하는 데 도움이 되기도 합니다.

이렇게 여러 가지 방법을 마련해도 몇 명의 아이들은 책을 읽지 못할 때가 여러 번 있어, 교사가 아이들이 책을 읽도록 자주 알려 주어야 합니다. 무엇보다 교사가 책 읽기 수업을 꾸준히 하면 아이들 스스로 책을 준비해 읽는 습관이 붙는 것을 볼 수 있습니다. 부모님들 몇 분은 '함께 읽어요' 공부에 관심을 가지고 인터넷으로 책을 주문해 1년 동안 아이들이 읽는 것을 돕기도 했습니다. 고학년 아이들은 미리 읽은 책을 친구에게 빌려 주는 모습도 자주 보였습니다.

온작품읽기 수업 구성

일주일 국어 수업 중에 한 블록을 '함께 읽어요' 수업으로 잡고, 주간 안내를 준비해서 매주 공부를 합니다. 어떤 공부는 그 주에만 읽고 끝나는 것이 아니라 몇 주에 걸쳐 하거나 한 달 동안 공부를 하기도 합니다. 주로 같이 읽고 이야기를 나누지만 학년이 올라갈수록 긴 글이 많아, 미리 읽어 오는 숙제를 내기도 합니다.

저학년은 글이 짧아 그 시간에 함께 읽고 이야기를 나눕니다. 읽고 나서 책 내용과 관련된 몇 가지 활동을 하기도 합니다. 고학년은 책과 관련된 활동도 하지만 주로 이야깃거리를 찾아 토론 수업을 많이 합니다. 긴 글이 많아, 읽어 오는 숙제를 선생님이 자주 내게 됩니다. 책을 많이 읽어 오지 못해 공부를 미루거나 공부를 어떻게 할 것인가에 대해 아이들과 이야기를 나누기도 합니다.

학년에 따라 아이들이 책을 잘 읽어 오지 못해 학년 초에 어려움을 겪는 교사들이 있습니다. 몇 년 동안 교사 회의에서 이 주제를 가지고 이야기를 나누었습니다. 지속성을 유지하려면 온작품읽기 수업을 하려는 교사의 의지가 중요합니다. 아이들이 읽을 수 있는 방법을 스스로 자꾸 찾아보도록 격려하는 방법도 있습니다. 교사들마다 공부 방법이나 운영상 다른 점은 있지만 주간 공부 안내에 읽기 수업으로 '함께 읽어요'를 고정해서 넣어 두기도 합니다.

주 간 공 부 안 내 의 예

9월 7일 ~ 9월 11일

송천분교 6학년

다음 주 읽을 책: 《뭘 그렇게 찍으세요》

	월	화	수	목	금
1교시	통합인문	영어	수학	통합인문	수학
2교시	(이야기글 쓰기)			(사회)	
3교시	과학	과학	창체	통합인문	통합인문
4교시	체육		(동아리)	(연극)	(함께 읽어요)
5교시	느티나무 회의	통합예술	통합예술	통합예술	체육
6교시	영어				

교과	이번 주엔 무엇을 공부할까요?
통합 인문	《니가 어때서 그카노》(남찬숙, 사계절)를 읽고 사람이 답답하다 느끼는 것들과 상처를 주고받는 것들에 대해 이야기를 나누었습니다. 서로 겪고 느끼는 이야기를 잘합니다. 하겸이, 연수, 태언이가 답답하고 상처받는 것들에 대해 잘 이야기를 했습니다. 다음 주에 읽을 책은 사진작가의 삶에 대한 이야기인 《뭘 그렇게 찍으세요》(강무지, 우리교육)입니다. 아이들이 어떤 일을 하면서 어떻게 살아가면 좋을지 생각해 볼 수 있는 시간이 되리라 봅니다. 2학기부터는 아이들이 내가 챙기지 않아도 금요일까지 책을 스스로 잘 읽어 오겠다 했습니다. 현석이는 미리 책을 준비해 두어 읽고, 친구들이 읽도록 도와준다고도 했습니다. 사거나 빌리거나 해서 잘 읽으면 좋겠습니다. 책 순서는 앞이 조금 바뀌었습니다. 인문사회 공부를 '세계 여러 나라'부터 합니다. 아이들이 다음 주까지 조사하고 싶은 곳을 조사해 발표하고 더 공부할 내용들을 이어 가기로 했습니다. 1학기 때 부족했던 조사발표 공부를 이번에는 한 학기 동안 꾸준히 이어 가려 합니다. 아이들이 개인 발표 준비를 하는 만큼 자기 공부가 되리라 봅니다. 발표 내용이 부족할 때는 교과서 내용을 가지고 복습을 하기로 했습니다. 다음 주에 한 번 준비한 것과 교과서 내용을 살펴보고 부족한 사람은 개인 조사를 좀 더 하도록 하려 합니다. 목요일 발표 자료를 자유 형식으로 준비합니다. 첫 번째 연극시간입니다. 1학기에 잠깐 익혔던 관용어에 대한 공부를 합니다.

온작품읽기 내용 나누기

이렇게 학년에서 1년을 공부하고 나서 학년에서 공부한 것들을
교사들이 나누어 보자 했습니다. 교사 교육과정 회의에서 나눈 이
야기들을 아래에 실었습니다. 먼저 1학년은 책 이야기와 아이들과
했던 수업 사례로 이야기를 나누었습니다.

《 무 지 개 물 고 기 》

책 이야기

《무지개 물고기》(마르쿠스 피스터, 시공주니어)는 반짝거리는 물고기
그림이 좋기 때문에, 아이들이 그림을 보면서 이야기를 읽을 수 있
는 책입니다. 그리고 이야기가 이어지면서 반짝이 비늘을 나누어
가지며 물고기들이 어울려 살아가는 모습에 마음이 따뜻해집니다.
무지개 물고기의 마음 변화를 읽고 나서 어떻게 행복해질 수 있는
지 이야기를 나눌 수 있겠습니다. 무지개 물고기처럼 반짝이는 물
고기 그림을 만들어 보았습니다. 이야기를 읽고 서로 나눌 수 있는
것들에 대한 이야기도 해 보면 좋겠습니다.

공부 이야기

① 무지개 물고기 그리기

• 준비물: 여러 가지 색종이, 도화지, 포일 조금, 가위, 풀, 색연필
  (1학년 초라 가위와 풀 사용법을 잘 익히고 하면 좋겠습니다.)

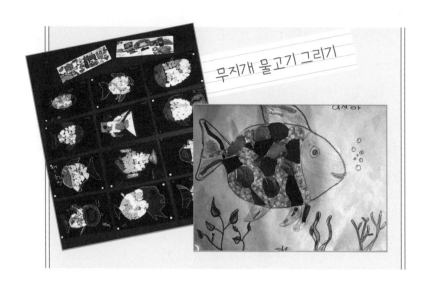

무지개 물고기 그리기

《 만 희 네 집 》

책 이야기

《만희네 집》(권윤덕, 길벗어린이)은 통합교과 1학기 교과서 '가족'에도
일부분이 소개된 책입니다. 집의 여러 가지 장소를 그림과 함께 자세
하게 소개하는 내용이 있습니다. 이 책을 쓴 권윤덕 작가는 자기가
직접 살던 곳을 2년에 걸쳐 그리고 이야기를 썼다고 합니다. 그 이야
기를 듣고 나니 그림이 눈에 더 들어와서 정답습니다. 이 작가가 쓴
《꽃할머니》(권윤덕, 사계절)도 고학년들에게 소개하면 좋겠습니다.

공부 이야기

① 학교를 위에서 본 모습 그리기

   1학년 아이들이 위에서 본 모습을 그리기는 어렵습니다. 먼저 위에서 본 교실 모습 그리기를 같이해 봅니다. 선생님은 칠판에 그리고 아이들은 도화지에 그려 봅니다. 위에서 본 모습 그리기이지만 앞에서 본 모습으로 그리는 것도 괜찮습니다.

학교 그리기는 전체 모습을 어떻게 그릴 것인지 이야기를 나누고 하는 것이 좋겠습니다. 큰 것부터 자리를 정해 그리고, 그 뒤에 작은 것들을 그리게 하면 좋겠습니다. 1학년 아이들은 학교 크기에 비해 종이가 작아 다 넣기가 힘듭니다. 운동장에 있는 것은 넣고 싶은 것만 넣어도 됩니다. 큰 종이에 모둠이나 전체가 함께 학교 그리기를 해 보는 것도 좋겠습니다.

우리 학교 그리기

② 우리 집을 위에서 본 모습 그리고 소개하기

과제로 집에서 우리 집 그리기를 해 옵니다. 우리 집을 그리는 것이라 집에서 부모님이 도와주시기도 하겠지만 스스로 하는 마음을 가지도록 해야 합니다.

그림을 그려 오면 한 명씩 칠판에 붙이고 우리 집 소개를 합니다. 아이들은 궁금한 것을 물어 봅니다. 한꺼번에 발표를 다하면 듣는 아이들이 힘들 수 있습니다. 숙제를 해 오는 날 몇 명씩 나누어서 며칠 동안 발표를 해 나가는 게 좋습니다.

우리 집 그리기

《개구리 왕자 그 뒷이야기》

책 이야기

《개구리 왕자 그 뒷이야기》(존 셰스카, 보림)는 마법에서 풀려나 왕자로 변한 개구리가 공주와 결혼하는 것으로 끝나는 〈개구리 왕자〉 이야기를 패러디한 그림책입니다. 개구리 왕자와 공주가 결혼 후에 살아가는 모습에서 엄마와 아빠의 모습을 생각하게 만들기도 합니다. 이 책은 아이들보다 부모들이 읽고 자신의 삶을 잠깐 들여다보며 결혼할 때까지의 이야기를 다시 되새겨 보기 좋습니다. 앞 이야기인 〈개구리 왕자〉 이야기도 함께 읽으면 좋겠습니다.

공부 이야기

① 부모님 결혼 이야기 인터뷰하기

아이들 각자 부모님 인터뷰를 해 옵니다. 1학년 아이들이라 부모님이 직접 쓰게 하기도 합니다. 공부시간에 한 명씩 선생님과 인터뷰하는 형태로 발표합니다. 아이들이 자기 부모님 이야기를 하면서 즐거워합니다.

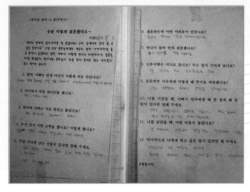

부모님 결혼 이야기 인터뷰하기

《 돼 지 책 》

책 이야기
《돼지책》(앤서니 브라운, 웅진주니어)은 조금은 진지한 내용이 담겨 있지만 그림이 재미있어 1학년 아이들이 재미있게 빠져듭니다. 그림에서 점점 많아지는 돼지를 찾으며 즐겁게 볼 수 있습니다. 우리 집에서 점점 많아지는 것이 돼지 말고 무엇이 있을까 이야기 나누어 보면 좋겠습니다.

공부 이야기
① 엄마가 하는 일 쓰기
책을 읽고 엄마가 하는 일을 이야기 나누고, 쓰기 공책에 적어 봅니다. 쓰기 어려워하는 친구는 선생님과 이야기를 나누며 써도 좋습니다.

🔵 박예지
빨래, 밥, 설거지, 걸레, 학교 데려다 주기, 커피 마시기, 엄마가 놀아 주기, 엄마가 침대 정리하기, 차 세차하기, 그네 밀어 주기, 공부 같이하기, 전화 올 때 받기, 회식하기, 아빠랑 맥주 한 잔 하기, 잘 때 깨워 주기, 청소하기

🔵 이신혁
나 학교 데리러 가기, 데려다 주기, 놀아 주기, 밥 해 주기, 청소하기, 일하기, 커피 마시기, 차 세차하기, 홈쇼핑 보기, 씻겨 주기, 도

루(개)랑 놀아 주기, 우리 깨우기

🗣 이연우

빨래, 바닥 청소, 설거지, 우리 혼내는 일, 커피 먹는 일, 엄마 뉴스 보는 일, 풀 뽑기, 할머니네에서 상추 뜯기

🗣 신서윤

일어나고 씻기, 밥상 차리기, 우리 깨워 주기, 밥 먹여 주고 옷 입기, 차 타고 어린이집도 가고 학교 가고 회사 가기, 회사에서 일하기, 나 데리러 가고 다시 회사 가기, 동생들 데리러 가고 집에 가서 매일 청소하기, 밥상 차리고 밥 먹고 다시 청소하기, 동생들 씻겨 주기, 자기

🗣 정병주

회사 가기, 청소, 빨래, 혼내는 일, 아빠 일 도와주는 일, 돈 벌어 오는 일, 나랑 놀아 주는 일, 빨래 널어 주는 일, 풀 뽑기, 커피 타 주기, 아빠 심부름하는 일, 엄마가 아빠 혼내기

《아 카 시 아 파 마》

책 이야기

《아카시아 파마》(이춘희, 사파리)는 '잃어버린 자투리 문화를 찾아서'의 여러 책 가운데 하나입니다. 아카시아 잎줄기로 파마를 했는데

비가 와서 파마가 다 풀리면서 일어나는 이야기입니다. 책 뒤에 아카시아 파마하는 순서가 그림으로 나와 있습니다. 입술에 빨간 루주를 바른 내용을 이야기할 때 루주가 뭐냐 묻기에 선생님 입술에 바른 것이라 했더니 빨갛지가 않다고 합니다. 며칠 동안 왜 빨간 루주 안 바르고 오냐고 묻기도 했습니다.

공부 이야기

① 아카시아 잎 떼어 내기 놀이하기

아카시아 파마를 할 때 1학년 아이들은 머리 말기를 어려워합니다. 그래서 선생님이 많은 아이들 머리를 말아 주어야 합니다. 다른 아이들은 기다리면서 놀아야 하는데, 다른 놀이를 해도 좋지만 아카시아 잎으로 놀이를 하면 좋습니다. 가위바위보해서 하나씩 떼어 내기, 가위바위보해서 손으로 팅겨 떼어 내기 놀이를 합니다. 아카시아 잎에 붙어 있는 벌레들을 찾아내며 놀기도 합니다. 아카시아 잎은 학교 주변에서 딸 수 있습니다.

② 아카시아 파마하기

주로 선생님이 아이들 머리를 말아 주지만 몇 명의 아이들은 선생님이 한 번 보여 주면 친구들의 머리를 말아 주기도 합니다. 그런 아이들에게는 미용사 별명을 붙여 주기도 했습니다. 여러 명을 해 주다 보니 한두 개만 말아 주었는데, 책에 있는 사진처럼 오랜 시간을 두고 전체를 말아 주어도 좋을 것 같습니다.

아카시아 파마하기

6학년 '함께 읽어요' 공부에 대해서는 2015년 교육과정 연수 때 교사들과 나눈 글을 싣습니다.

'함께 읽어요' 수업 이야기

6학년 아이들과 수업을 하면서 '함께 읽어요' 수업이 몇 년 전부터 인기인 인문학 공부처럼, 사람이 어떻게 살아왔고, 살아가고 있고,

살아갈 것인지를 들여다보는 시간이라는 생각이 많이 들었습니다. 그리고 거기에 중심을 두고 공부를 해야 한다는 생각이 함께 들었습니다. 하지만 공부 방법을 잘 엮어 가기가 쉽지는 않습니다. 이야기를 깊게 해야 하고, 조금은 다른 방법의 공부도 찾아 아이들이 깊게 공부할 수 있도록 도와야 하는데 내가 게을러 잘 하지 못하고 있습니다.

주로 책 읽고 이야깃거리를 찾아 서로 이야기를 잘 나누는 데 중심을 두고 아직까지는 겨우겨우 하고 있습니다. 가끔은 이야기가 재미있기도 하고, 어떨 때는 공부가 좀 답답하기도 합니다. 책은 재미있지만 나눈 이야기가 별로이기도 하고, 의도하지 않은 낱말이나 이야기를 찾아 아이들이 즐겁게 공부를 할 때도 있습니다.

주로 아이들이 이야깃거리를 생각해 오고, 교사도 책을 읽고 미리 이야깃거리를 적어 두었다가 한 번씩 묻기도 합니다. 이야깃거리는 순서대로 나눕니다. 자기 생각이나 질문을 던지면서 이야기에 꼬리를 물고 이어 가는데 어떤 것은 길게 이야기하고, 어떤 것은 짧게 끝나기도 합니다.

교사는 이야기 흐름을 잘 엮어 주는 것이 중요합니다. 아이들이 이야기를 짧게 하면 다시 질문으로 엮어 주어 좀 더 깊게 생각하고 이야기를 할 수 있도록 이끕니다. 말을 하지 않는 친구에게도 이야기 기회를 주는 것, 어떤 내용은 전체 이야기를 듣는 것, 특정한 아이에게 묻는 것 등 다양한 방법으로 교사가 이야기를 이끌어 가야 합니다.

사회 인문과 관련된 책 읽기 수업은 어렵습니다. 아이들이 읽는 것을 약간 힘들어 하는 경우가 있습니다. 책이 준비되지 않을 때는 두 가지 내용만 복사해서 함께 이야기를 나누기도 합니다.

책 내용과 관련해 다양한 활동을 해 보면 좋지만 6학년은 그럴 시간과 마음의 여유가 부족합니다. 그럴 때는 관련 영화를 보는 것도 좋아서 〈국제시장〉, 〈타이타닉〉 등을 보았습니다. 기사에 관련해서 영화 〈제보자〉 이야기도 나누었습니다.

거의 대부분의 아이들이 책을 읽고 준비를 하지만 한두 명은 안 읽거나 못 읽을 때도 있습니다. 우리 반 통합학급 아이는 읽기를 어려워했습니다. 친구, 가족 이야기, 학교 이야기 등 쉬운 이야깃거리는 일부러 그 아이에게 묻기도 했습니다.

6학년 국어는 반 이상을 '함께 읽어요' 내용 관련 문제로 평가했습니다. 통으로 읽고 쓸 수 있는 것들, 단편적인 문제들, 내용과 자기 생각, 삶을 연결하는 문제들을 찾고자 했습니다. 사회 평가에서도 관련 책에서 문제를 몇 가지 생각해 적는 문제를 냅니다. 2학기에는 이야기 방법을 조금 다르게 해 봐야 한다는 고민도 하고 있습니다. 책 내용에 따라 찬반 토론, 조사 토론, 경험 조사 발표도 해 보려 합니다.

다른 학교 교육과정 소개 때 한 달에 한 권 온작품읽기를 하고 여러 가지 활동을 하며 깊이 있게 공부한다는 이야기를 들었습니다. 우리 학교 교육과정에서도 이런 비슷한 이야기를 나누었습니다. 우리 학교는 깊이 있는 수업으로 중간에 통합수업을 해 나가는 방법도 찾으면서 6년 동안 책을 많이 읽는 공부에 더 중심을 두자고 했습니다.

한 해 동안의 온작품읽기 구성

한 해 동안 '함께 읽어요' 공부를 어떻게 해 나갔는지 주간 안내에 썼던 이야기를 모은 글입니다.

《청소녀 백과사전》

3월 1주

《청소녀 백과사전》(김옥, 낮은산)은 사춘기에 대한 단편 이야기 모음입니다. 너무 일러서 준비가 되지 않을 수 있습니다. 화요일부터 아이들에게 돌려 읽도록 이야기를 해 놓겠습니다. '함께 읽어요' 목록 중 몇 가지를 아이들과 이야기 나눈 후 다시 알려 드립니다. 아이들이 사춘기 아이들의 고백과 사랑, 친구 관계에 대해 솔직히 이야기를 나누며 재미있어 했습니다. 언젠가 자기가 사랑하는 친구가 생기면 다시 읽어 보겠다고도 합니다. 이번 주 읽을 책은 단편동화가 아닌 장편동화입니다. 긴 글이라 힘들 거라 생각하지만 내용의 깊이가 있어 아이들이 더 재미있게 잘 읽는 경우를 많이 봐 왔습니다. 4학년 때 읽어 본 친구도 있지만 내용을 기억하는 친구도 별로 없고, 한 번 더 읽고 깊게 이야기를 나누면 재미있는 글입니다.

《너는 나의 달콤한 □□》

3월 2주

《너는 나의 달콤한 □□》(이민혜, 문학동네어린이)로 수업을 하지 못했습니다. 두 친구가 다 읽지 못해 월요일에 다시 수업을 하기로 했습니다. 책을 다 읽어야 공부를 함께할 수 있다는 선생님의 약속 이야기, 이야깃거리까지 다 준비해 와 토론 수업을 기대하고 있는데 맥이 빠져 화를 내는 친구, 시간이 많았는데 뭐했냐고 따지는 친구, 한 번 봐 주자는 친구, 한 번만 더 시간을 주면 월요일에는 꼭 읽어 오겠다는 친구의 이야기가 있었습니다. 다음 주 읽을 책 《너만의 냄새》(안미란, 사계절)는 함께 살아가는 것에 대한 이야기입니다. 동물들이 하는 이야기가 있어 새로운 재미가 있을 거라 생각합니다. 주말에 미리 읽어도 좋고, 미리 읽어 본 친구는 이야깃거리를 생각하며 다시 읽어 보는 것도 좋을 거라 생각합니다.

《 너 만 의 냄 새 》

3월 3주

《너는 나의 달콤한 □□》와 《너만의 냄새》 두 권을 읽고 토론 수업을 하다 보니 아이들이 지치기도 합니다. 제때 읽고 이야기도 나누는 것이 공부에 도움이 될 것 같습니다. 장편 글을 읽을 때 재미도 있고 잘 읽힌다는 친구가 있습니다. 다른 친구는 《너만의 냄새》처럼 단편이지만 여러 가지를 생각하게 해 주는 책이 좋다고도 합니다. 월요일에는 좋아하는 사람과의 설레는 느낌에 대한 이야기도 했지만, 나오는 인물들의 삶이 막장 드라마 같다는 이야기도 합니다. 스스로 행복한 부모와 살고 있다는 걸 새삼 느끼기도 한답니다.

《너만의 냄새》는 고양이와 쥐돌이가 서로 의지하며 살아가는 모습이 인상적입니다. 다음 주 읽을 책은 여러 직업을 가진 사람들이 살아 온 모습을 쓴 글입니다. 중학교 책에서도 소개되는 글인데 아이들이 자기가 무엇을 하며, 어떻게 살지를 생각해 보면 좋겠습니다.

《나는 무슨 씨앗일까?》

3월 4주

《나는 무슨 씨앗일까?》(강영우 외, 샘터사)를 읽고 내 마음에 드는 사람에 대한 이야기와 그 이유를 써 보았습니다. 그 인물들 이야기처럼 나의 상상 전기문도 써 보았습니다. 앞으로 내가 어떻게 살 것인지에 대한 작은 고민이 담긴 글입니다. 글을 컴퓨터 작업으로 만들어서 나누어 읽어 보자 했습니다. 다음 주에 읽을 책은 짧은 이야기지만 뭉클함이 있는 글입니다. 엄마, 아빠가 어릴 적 어떻게 살았는지 듣고, 자신의 삶과 연결시켜 생각해 보는 시간을 가지려 합니다.

《나비를 잡는 아버지》

3월 5주

이번 주에는 《나비를 잡는 아버지》(현덕, 휴머니스트)를 읽고 안타까워하며, 그 시대는 왜 그랬을지 질문해 보고, 지금 사회에서도 나타나는 갑의 횡포에 대해서도 이야기해 보았습니다. 부모님의 마음을 알기 위해 부모님 어린 시절 이야기를 나누었는데 하란, 진, 승후, 예하, 태언, 다영, 산, 준상, 영서가 재미있게 들려주었습니다. 현석, 정원, 연수는 부모님께 듣고 와서 월요일에 이야기해 준다고 했습니다. 친구들의 이야기를 들으면서 아이들이 "네가 엄마 아빠를 닮아 그렇구나." 하는 이야기를 자주 했습니다. 아이들은 엄마 아빠 어릴 때처럼 신나게 놀 거라는 이야기도 합니다. 다음 주 책인 《깡패 진희》(장주식, 문학동네어린이)는 어려운 일을 이겨 내며, 살아가는 힘이 어디에서 생기는지 생각할 수 있는 이야기입니다. 그 다음 주까지 2주 동안 약한 사람들의 이야기를 읽습니다.

《깡패 진희》

4월 6주

《깡패 진희》를 읽고 아이들이 토론을 아주 잘했습니다. 이번 주 읽을 책 《블루시아의 가위바위보》(박관희 외, 창비)는 이주 노동자의 인권을 다룬 이야기입니다. 몇 명의 작가가 이주 노동자들이 우리나라에서 어떻게 살아가고 있는지를 쓴 단편모음집입니다. 그저 스쳐지나가는 사람들로만 여겨지지만, 이주 노동자의 삶에 대해 아이들이 알아야 되는 것이 있습니다. '모든 사람에게는 고향이 있다.'는 이 책을 추천하는 글의 제목입니다. 우리도 후손들에게 이 땅을 잠깐 빌린 것이 아닐까 되돌아보게 합니다. 이 땅의 어른들은 자신의 고향인 어린이에게서 배워야 한다고 합니다. 아이들의 말을 들으며 나도 고향을 찾아야겠다고 생각했습니다.

《블루시아의 가위바위보》

4월 7주

《블루시아의 가위바위보》를 읽고 기억에 남는 이야기를 하면서 폭력과 차별에 관한 이야기를 많이 했습니다. 예하와 하란이는 폭력에 대해 울분을 표현했고, 승후는 연수가 했던 말이 생각난다고 하고, 태언이는 한국 사회를 비판했습니다. 모든 아이들의 이야기가 소중한 기억들이었습니다. 소은이가 했던 말이 저는 가장 기억납니다. '연습'이라는 말입니다. 이 책을 읽은 이유와는 전혀 관계없지만 소은이에게는 가장 절실한 말이었다고 생각합니다. 바로 전 시간인 수학시간에 울었던 일, 요즘 기타를 치는 것, 나눗셈 공부를 하는 것이 생각나서 그랬다고 합니다. 내가 잊어버리는 것을 소은이가 알려 주었습니다. 다음 주 읽을 책은 경제에 대해 생각해 보는 책입니다. 5월부터 사회시간에 경제에 관한 공부를 하는데, 미리 읽어 보고 생각할 거리를 찾아보려 합니다. 목요일까지 읽고 가져오면 좋겠습니다.

《더불어 사는 행복한 경제》

4월 8주

지난주에 《더불어 사는 행복한 경제》(배성호, 청어람주니어)를 읽기로 했는데 책을 읽지 않은 친구가 몇 명 있어 이번 주까지 읽고 공부하기로 했습니다.

《 나의 린드그렌 선생님 》

4월 9주

《나의 린드그렌 선생님》(유은실, 창비)은 작년에 읽어 본 책이라 쉽게 읽을 수 있을 것 같습니다. 작가의 꿈을 모두 한 번 꾸어 보면 좋겠다고 생각합니다. 다시 읽으면서 책을 읽고 쓰는 즐거움을 한 번 더 가져 보면 좋겠습니다. 읽기 수업이 바빴습니다. 경제 책은 6월에 다시 가져오면 됩니다. 다음 주 읽을 책 《창가의 토토》(구로야나기 테츠코, 프로메테우스)는 순수하고 호기심 많은 아이의 이야기입니다. 아이들이 어떻게 살아가고 있는지 자세히 들여다보는 글입니다. 아이들이 읽으면서 자기가 살아가는 모습이 어떤지도 돌아보고, 그런 아이들의 이야기를 들으면서 저도 잊고 살아가는 것이 무엇인지, 아이들의 삶을 어떻게 봐 주어야 하는지 생각해 보면서 재미있는 이야기가 오가기를 바랍니다.

《 창가의 토토 》

5월 11주

《창가의 토토》를 읽고 이야기를 나누었습니다. 이다음에 내가 학교를 만들면 아이들이 와서 선생님을 해 준다고 합니다. 정말 생각만으로도 기쁘고 설렙니다. 일본의 전쟁과 상처를 이야기할 때는 슬프기도 하고, 토토의 딴짓에 호기심도 생기며 아이들이 재미있게 읽었다고 합니다. 산이는 읽지 못했는데 아이들 이야기를 들으며 월요일까지 읽어 온다고 했습니다. 하란이가 옛날 우리 학교 생각이 난다는데 생각해 볼 말입니다.

다음 주 읽을 책은 현대사 이야기책입니다. 작년에 역사 공부를 하면서 조금은 접해 보았을 테지만 역사를 배우는 의미, 우리나라의 전쟁, 법과 민주주의에 대해 편하게 들어 볼 수 있는 이야기입니다. 이 책에도 아이들에게는 아직 어려운 말이 있지만 모든 것을 알기보다는 내가 살고 있는 나라가 어떻게 만들어져 왔고, 어떻게 만들어져 가고 있는지 이야기를 나눠 보려고 합니다. 아이들이 다양한 역사 관점으로 이야기를 하면 좋겠습니다.

《김구·전태일·박종철이 들려주는 현대사 이야기》
5월 12주

《김구·전태일·박종철이 들려주는 현대사 이야기》(함규진, 철수와영희)를 읽고 인물에 관한 이야기, 통일에 관한 이야기, 지금 우리가 사는 시대가 얼마나 귀한 것인지를 생각해 보았습니다. 어려운 이야기라 2학기 정치 공부를 할 때 민주주의와 관련하여 다시 또 공부해야겠습니다.

다음 주 읽을 책은 또래 아이들의 성장 이야기를 담은 글입니다. 서로 다른 아이가 서로 다른 날들을 겪는 내용이어서 네 아이의 이야기를 나누면 좋겠습니다. 아이들 스스로도 어떤 날들을 살아가고 있는지 이야기해 보려 합니다.

《오늘의 날씨는》

《오늘의 날씨는》(이현. 창비)을 읽었습니다. 살아가면서 날씨처럼 여러 가지 변화를 겪는 이야기를 나누었습니다. 산이와 태언이가 말하기 싫어하는 창피함을 궁금해 하기도 합니다. 누구나 그런 창피함이 하나씩은 있을 거라는 산이 말이 기억이 납니다.

다음 주 읽을 책은 《방학 탐구 생활》(김선정. 문학동네어린이)입니다. 여행과 모험에 관한 이야기입니다. 구리 탐방을 다녀온 후 긴 글을 썼습니다. 아이들이 이렇게 긴 글은 처음 써 본다는데 자기가 겪은 일과 친구들과 나눈 일과 생각, 이야기를 귀하게 여기면 좋겠습니다. 그렇게 해야 자기 삶을 가꿀 수 있으리라 봅니다.

특별한 여행이 아니라도 하루하루를 귀하게 여기는 시간을 자주 가지고 그런 글을 자주 쓰면 좋겠습니다. 저부터 하려고 하지만 쉽지 않습니다.

《방학 탐구 생활》

《방학 탐구 생활》을 읽고 인물이 하는 일들에 대한 질문을 많이 했습니다. 주인공 석이가 하는 말에서 철이 있는 아이, 없는 아이에 대해 이야기를 나누었습니다. 썰렁한 말을 하는 다영, 현석이를 비롯해 진지한 이야기를 해 준 준상이도 있습니다.

처음에는 남자애들은 모두 철이 없다로 시작한 이야기가 우리 반 아이들 모두가 철이 없다로 끝났습니다. 아이들이 석이처럼 좀 더 철이 들지 않았으면 하는 마음도 있습니다. 작가에게는 다음에 선생님 이름을 넣어 글을 써 달라 해서 전해 준다고 했습니다.

다음 주에 읽을 책도 탐험과 모험에 대한 이야기입니다. 이번 주 책보다는 죽음에 관한 진지한 이야기가 있어 약간 어려울 수도 있습니다. 긴 글이라 주말부터 부지런히 읽어야겠습니다. 연수가 도서관에서 바로 책을 챙겨 갑니다.

《 사 자 왕 형 제 의 모 험 》

6월 15주

《사자왕 형제의 모험》(아스트리드 린드그렌, 창비)을 읽고 린드그렌 선생님의 마음을 읽어 내느라 애를 썼습니다. 사람이 가진 생각과 호기심이 무섭다는 영서와 승후의 이야기가 기억에 남습니다. 요즘 영서가 예리한 질문을 많이 하면서 이야기를 잘합니다. 어떤 질문에는 작가 마음이라는 대답도 있었는데 죽음과 모험에 대해 아이들이 생각하는 것들이 재미있습니다.

다음 주 읽을 책은 의사 장기려 박사에 관한 이야기입니다. 한평생을 어떻게 살았는가를 보면서 남을 위해 봉사하는 사람의 마음을 읽을 수 있으면 좋겠습니다. 현대사를 읽을 수도 있겠습니다.

《성자가 된 옥탑방 의사》

6월 16주

《성자가 된 옥탑방 의사》(강이경, 우리교육)에 대한 이야기를 하면서 아이들이 가족을 돌보지 않고 남을 위해 봉사와 희생을 한 장기려 박사에 대한 안타까움을 이야기합니다. 착한 마음만이 아닌, 무언가가 있는가를 찾느라 애를 썼습니다. 기부에 대한 이야기, 가족이 보여 주는 희생, 말로만 하면서 제대로 실천하지 못하는 것들에 대한 이야기를 나누었습니다.

《어린 왕자》

6월 17주

《어린 왕자》(앙투안 드 생텍쥐베리, 비룡소)를 읽고 기억에 남는 문장을 적어 보았습니다. 어린 왕자가 이야기한, 이해할 수 없는 어른들의 모습도 이야기했습니다. '널 위해서 그러는 거야.'라고 말할 때, 담배 필 때, 비난할 때, 돈 없다 할 때, 아이들은 나쁜 짓 하지 말라면서 어른들은 할 때, 술 마실 때, 식당에서 먼저 계산한다고 할 때, 공부가 전부는 아니라고 하면서 공부만 하라고 할 때, 잠깐만이라고 하고는 계속 말하면서 1시간 지났을 때라고 이야기합니다.

무엇보다 준상이가 얘기한 것에 모두 공감하며 맞다 합니다. 어른들이 친구나 손님이 오면 화 안 낼 때. 이제부터는 친구나 손님이 와도 화를 내야 할 것 같습니다.

다음 주 읽을 책 《미디어 이야기》(우미아. 아이세움)는 미디어의 역사를 사건 중심으로 써낸 글입니다. 언론의 힘과 자유, 우리의 알 권리, 언론의 자유와 개인의 명예의 관계를 주로 이야기할 것 같습니다. 약간 어려운 내용이 될 수 있지만 아이들이 이해하는 만큼 읽고 이야기를 나누겠습니다.

《 미 디 어 이 야 기 》

6월 18주

《미디어 이야기》는 읽지 못한 친구가 있지만 세 가지 미디어 기사를 읽고 공부했습니다. 아이들이 진실 보도와 취재 윤리에 대해서, 법과 진실이 어떻게 중요한지 생각해 볼 수 있었습니다. 미디어의 역사 이야기도 하면서 〈제보자〉와 〈타이타닉〉 영화를 기회가 있으면 개인적으로 봐도 좋겠다고 했습니다.

《 내 가 나 인 것 》

7월 19주

《내가 나인 것》(야마나카 히사시. 사계절)을 읽고 가출하는 마음, 부모의 욕심, 억압과 반항에 대한 이야기를 했습니다. 예하가 '반항을 하면 엄마가 만만치 않아서 못한다.'라고 하니 친구들이 또 아니라고 이야기합니다. 준상이는 어른이라서 말이 안 된다 생각해도 반

항을 못한다고 합니다. 이렇게 이야기하면서 부모님들의 현실과 마음에 대해 많이 알아 가는 시간이었습니다. 저도 자식으로, 부모로 사는 것들에 대해 이야기를 많이 했습니다. 다른 이야기도 많이 나누었는데 오늘은 이야기를 참 잘 나누었다 생각됩니다.《불량한 자전거 여행》(김남중. 창비)은 자전거 여행을 좋아하는 작가가 쓴 이야기로, 의미 있는 여행을 하고 싶어질 것 같습니다.

《불량한 자전거 여행》

7월 20주

《불량한 자전거 여행》을 읽고 작가가 글을 쓰는 데 얼마나 걸릴까 라는 이야기를 하면서 2학기에는 꼭 한 번 작가를 만나는 시간을 가져 보기로 했습니다. 용감, 반항아, 자전거, 여행이라는 말을 많이 나누었습니다.

《바리데기》

7월 21주

《바리데기》(신동흔. 휴머니스트)는 우리나라 설화인데 부모가 아이를 버리는 이야기입니다. 이 책은 책 뒤편에 이야깃거리가 몇 가지 있습니다. 되도록이면 그 이야기로 나누려 합니다. 목요일까지 읽어 야겠습니다.

《니가 어때서 그카노》

8월 2주

다음 주 읽을 책은 사투리가 그대로 살아 있는 책입니다. 목요일까지 읽으면 좋겠습니다. 입말을 그대로 살린 이야기라 읽기도 좋고 알아듣기가 편합니다.

친구와 가족의 모습을 있는 그대로 봐주고, 서로 자기가 할 수 있는 일을 하며 함께 살아가자는 뜻이 담겨 있는 책입니다. 아이들이 2학기를 어떻게 살아갈지 이야기를 나누면 좋겠습니다. 배움과 삶에 대해서도 이야기를 나누면 좋겠습니다.

《니가 어때서 그카노》(남찬숙, 사계절)를 읽고 사람이 답답하다 느끼는 것들과 상처를 주고받는 것들에 대해 이야기를 나누었습니다. 서로 겪고 느끼는 이야기를 잘합니다. 하겸이, 연수, 태언이가 답답하고 상처받는 것들에 대해 잘 이야기를 했습니다.

《뭘 그렇게 찍으세요》

9월 3주

다음 주 읽을 책은 사진작가의 삶에 대한 이야기입니다. 아이들이 어떤 일을 하면서 어떻게 살아가면 좋을지 생각해 볼 수 있는 시간이 되리라 봅니다. 2학기부터는 아이들이 내가 챙기지 않아도 금요일까지 책을 스스로 잘 읽어 오겠다 했습니다. 현석이는 미리 책을 준비해 두어 읽고 친구들이 읽도록 도와준다고도 했습니다. 사거나 빌리거나 해서 잘 읽으면 좋겠습니다.

　이번 주에는 비가 좀 내려서 라면을 먹으며 책 읽기 공부를 하며 이야기를 잘 나누었습니다. 우리 주변 인물 같은 사람이라 좀 더 솔직하게 이야기할 수 있었습니다. 내가 만나는 사람과 겪는 일에 대해 아이들이 좀 더 소중하게 생각하게 되었을 것 같습니다. 아이들이 살면서 자기가 바라는 꿈들이 어떻게 이루어지는지를 현실감 있게 보는 이야기도 해 주어 좋았습니다.

《괭이부리말 아이들》

9월 4주

다음 주 읽을 책은 작가가 직접 살아가는 이야기를 쓴 글이라 작가의 마음과 삶에 대해 이야기를 나누면 좋겠습니다. 글에 나오는 여러 인물을 잘 살펴보면서 읽으면 좋겠습니다. 《괭이부리말 아이들》(김중미, 창비)을 읽고 이야기를 나누었습니다. 빈곤, 어둠, 착함, 철이 드는 것들에 대해 이야기를 나누는데 이야기가 약간 어려웠습니다. 작가 이야기를 들으면 좋겠다고 생각했습니다.

《봉주르, 뚜르》

9월 5주

다음 주 읽을 책은 제목부터 다른 나라 말로 되어 있고, 이야기 배경도 다른 나라입니다. 그 속에서 우리나라 아이들만이 겪는 또 다른 삶의 경험이 들어 있습니다. 약간의 추리를 해 나가는 과정도 있어, 읽는 재미가 있을 겁니다. 《봉주르, 뚜르》(한윤섭, 문학동네어린이)를 읽고 이야기의 반전, 인생의 반전, 프랑스어를 배우고 싶다는 생각 등 재미있는 이야기를 나누었습니다.

《10대와 만나는 정치와 민주주의》

10월 7주

다음 주부터 2주 동안은 사회인문 공부와 관련하여 정치와 민주주의 책을 읽습니다. 《10대와 만나는 정치와 민주주의》(고성국, 철수와 영희)를 읽으며 교과서와 책에 나오는 낱말부터 공부를 하고 자기 생활과 관련지어 이야기도 나누고 글도 써 보려 합니다. 공부가 끝나면 헌법재판소도 다녀오고, 역할을 나누어 직접 정치에 관여하는 사람의 놀이도 해 보려 합니다. 연극 연습을 하는 걸 보니 아이들이 잘할 것 같습니다. 그 전에 정치에 관련된 여러 가지 사회 요소들을 충분히 공부해야겠습니다.

《더불어 사는 행복한 정치》

10월 8주

지난주 책과 이번 주 책을 함께 금요일에 공부합니다. 이번 달에 계속 필요할 때마다 찾아가며 공부할 책이라 가지고 다닙니다. 《더불어 사는 행복한 정치》(서해경 외, 청어람주니어)는 정치에 관한 책이라 새로운 낱말과 관련된 여러 사례를 찾아보고 배운 내용에 대해 좀더 깊은 이야기를 해야 아이들이 이해할 것 같습니다. 나와 관련된 생활 정치 내용을 주로 많이 찾아보아야겠습니다. 지금 정치적으로 쟁점화되고 있는 내용에 대해서도 몇 가지 주제를 찾아 자료를 찾고, 토론도 해 보려 합니다.

《바보 온달》

10월 9주

정치 이야기 책 두 권을 읽고 민주주의와 정치에 대한 이야기를 시작했습니다. 다음 주에 헌법재판소를 다녀 온 후에 여러 가지 정치 기구에 대한 공부를 더 깊게 하려 합니다. 다음 주 읽을 책은 《바보 온달》(이현주, 우리교육) 이야기입니다. 기존의 이야기를 약간 바꾸어 다른 시각으로 바보 온달을 생각하며 읽어 볼 수 있습니다.

《나의 달타냥》

10월 10주

아이들이 책 읽기를 많이 잊어버려 반수 정도가 읽지 못했습니다. 《바보 온달》을 월요일까지 읽고 와서 공부하기로 했습니다. 읽었는지 물어봐 주시면 좋겠습니다.

　다음 주 읽을 책 《나의 달타냥》(김리리. 창비)은 상처, 폭력, 미움에 대해 슬픈 이야기를 가지고 들여다볼 것 같습니다. 아이들이 겪는 현실을 슬프지 않게 만들어 가는 것들에 대해서 이야기를 많이 나누어 보려 합니다.

　《나의 달타냥》을 읽고 아이들이 우리 주변의 상처에 대해 다시 한 번 이야기를 나누었습니다. 그리고 상처를 받았을 때 나는 그것을 어떻게 겪어 내는지도 돌아보고, 함께 살아가는 것에 대해 다시 생각해 보았습니다. 상처가 잘 보살핌을 받아야 폭력과 아픔도 없으리라 봅니다.

《짜장면 불어요!》

11월 11주

다음 주 읽을 책은 몇 개의 단편 모음인데 이야기 구성과 인물의 참신함이 있는 이야기입니다. 우리 주변의 상식과 편견을 다시 한 번 생각해 볼 수 있을 것 같습니다. 《짜장면 불어요!》(이현. 창비)를 읽고 기삼이라는 인물 이야기를 많이 했습니다. 듣고 배울 것이 많은 사람, 생각이 많은 사람을 아이들도 만나고 싶어 합니다. 아이들이 그런 사람이 되는 것도 좋겠다고 했습니다. 아이들이 이야기도 잘 나누고 책도 잘 읽어 공부를 잘했습니다.

《청년 노동자 전태일》

11월 12주

다음 주 읽을 책은 노동자들의 삶과 현실을 들여다보는 책 《청년 노동자 전태일》(위기철, 사계절)입니다. 아이들이 보고 느껴 왔던 것, 생각하는 것들을 주로 이야기하며 요즘 배운 헌법과 관련하여 근로 기준법 이야기도 하면 좋겠습니다.

전태일 책을 읽고 사람들이 희생을 하는 마음, 그 이후의 가치에 대해 이야기를 나누었습니다. 무엇보다 내가 얼마나 좋은 환경에서 잘 살고 있는지 새삼 느꼈다 합니다. 재혁이는 꽃을 들고 가까운 모란공원을 한 번 찾아가 봐야겠다고 합니다.

《소나기밥 공주》

11월 13주

다음 주 읽을 책도 약간 무겁지만 아이들이 살아가면서 겪는 여러 감정을 나눌 수 있는 이야기입니다. 요즘 아이들이 이야기 속 인물의 마음을 잘 들여다보며 책을 읽어 좋습니다.

《소나기밥 공주》(이은정, 창비)를 읽고 누구는 이름이 왕자가 되고 싶다고도 하고, 자기가 다른 사람에게 신세를 졌던 경험도 이야기 했습니다. 우리 반에서 구수한 아이는 하겸이라고도 합니다.

《몽실 언니》

다음 주 읽을 책은 돌아가신 권정생 선생님이 쓴 《몽실 언니》(권정생. 창비) 이야기입니다. 아주 오래된 책이지만 지금 권정생 재단이 남을 수 있도록 해 준 책이기도 합니다. 몽실이가 주변 사람들을 어떻게 바라보며 살았는지도 나누고, 불행을 바라보는 태도도 이야기 나누어 보려 합니다.

《몽실 언니》를 읽고 이야기를 잘 나누었습니다. 몇 명의 친구가 책을 읽지 않았는데 월요일까지 읽는다고 했습니다. 권정생, 이철수 작가 이야기를 많이 나누었습니다. 30년 전에 처음 만들어진 책이 계속 읽히고 있는 것에 대한 가치도 이야기 나누었습니다.

몽실이에 대한 이야기를 많이 나누면서 불쌍하다, 답답하다, 마음이 강하다는 이야기와 언니라는 말의 의미도 나누었습니다. 나를 도와주는 사람도 가족이고, 내가 도와야 되는 사람도 가족이라는 말, 내 주변 사람들이 어떻게 살아가는지 돌보며 살아야 된다는 이야기도 나누었습니다. 책을 다시 읽는데도 재미있다고 합니다. 내가 읽었던 권정생 선생님의 《빌뱅이 언덕》책 이야기도 들려주었습니다.

《받은 편지함》

11월 15주

다음 주 읽을 책은 《받은 편지함》(남찬숙, 우리교육)입니다. 기다림과 떨림에 대한 이야기를 나누면 좋겠습니다. 《받은 편지함》을 읽고 우리 이야기를 많이 나누었습니다.

친구에게 다가가는 마음, 이끌림에 대한 이야기를 나누었는데 친구 사귐에 대해 서로 생각을 나누었습니다. 영서가 이야기를 잘해 주어 현석이가 우리 반 상담사를 하라고 했습니다. 재혁이와 승후도 중요한 자기 생각을 이야기해 주어 마음이 많이 풀렸을 거라 생각합니다.

중간에 같이 나누는 이야기를 듣지 않고 끼어드는 말 때문에 힘들기도 했습니다. 할 말, 하지 말아야 할 말에 대한 생각도 하게 했습니다. 아이들이 어려운 과정에서도 자기 생각을 나누어 좋았습니다.

《시 간 가 게》

12월 16주

다음 주 읽을 책은 《시간 가게》(이나영, 문학동네어린이)입니다. 현석이가 요즘 읽는 책이 가난에 대한 이야기가 많아 판타지가 있는 이야기가 그립다 했는데, 아주 조금이지만 아이들이 상상을 해 볼 수 있는 이야기라 생각됩니다. 《시간 가게》를 읽고 행복에 대해 이야기를 나누었습니다.

《초등학생을 위한 나의 라임오렌지 나무》

12월 17주

다음 주에는 《초등학생을 위한 나의 라임오렌지 나무》(J. M. 바스콘셀로스, 동녘주니어)를 읽고 목요일 인문시간에 이야기를 나누려고 합니다. 그냥 읽기만 해도 좋은 책이지만, 읽고 나서 이야기를 나누면 더욱 좋을 것 같습니다. 아이들이 어떤 이야기를 나눌지 기대가 됩니다.

《생명이 들려준 이야기》

12월 18주

마지막 주에는 《생명이 들려준 이야기》(위기철, 사계절)를 읽습니다. 졸업여행 가기 전에 읽어 두면 좋겠습니다.

《꽃들에게 희망을》

2월 21주

12월에 읽지 못한 책 한 권과 마지막 읽기 책을 읽습니다. 《꽃들에게 희망을》(트리나 폴러스, 시공주니어)은 그림과 이야기가 간결한 책이지만 무엇을 이야기하는지, 아이들이 여러 가지 자기 희망을 나누면 좋겠습니다.

아이들과 삶을 나누는 온작품읽기

아이들과 삶을 나누는 한 가지 방법으로 '함께 읽어요' 공부를 꾸준히 하고 있습니다. 책을 읽으면서 말과 글을 자기 삶으로 이야기하고, 장면들을 머릿속에 그려 보고, 새로운 생각도 열어 보는 시간이 '함께 읽어요' 공부시간입니다.

'함께 읽어요' 공부를 하면서 교사인 내가 아이들 책을 읽게 되었습니다. 그 전에도 한 달에 한 권 정도 학년에 맞는 책을 읽어 본 적은 있지만 꾸준히 하지 않았습니다. 일주일에 한 권씩 책을 함께 읽고 이야기를 나누면서 작가의 이야기를 통해 우리 이야기를 펼쳐 가고 있습니다. 지난 이야기를 하기도 하고, 지금 살고 있는 것들에 대해 이야기도 하고, 앞으로 어떻게 살아갈지도 이야기합니다. 작가가 만들어 놓은 새로운 세계를 들여다보기도 합니다. 내가 어떤 삶을 아이들과 어떻게 나눌 것인지 책 이야기를 통해 자꾸만 펼치게 됩니다.

아이들과 함께 읽을 책을 고르면서 아이들과 내가 어떤 삶을 나눌지를 고민하게 되었습니다. 그 고민으로 내 삶을 어떻게 살지도 생각합니다. 내가 어떻게 살아왔는지도 돌아보게 되었습니다. 재미도 있고, 기쁨도 있고, 슬픔도 있고, 아픔도, 희망도 있습니다. 그것을 함께 나눌 수 있는 방법을 계속 찾아야겠습니다.

송천분교에서 아이들과 7년째 살고 있습니다. 해를 거듭하면서 절실한 것은 아이들과 삶을 나누며 살아가는 선생님이 되고 싶다는 것입니다. 올해는 쉬는시간마다 아이들 노는 모습을 보면서 함께 어울려 놉니다. 오늘은 다른 학년 아이들과 고무줄놀이도 했습니다. 이제 쉬는시간에 아이들과 놀지 못하면 허전함을 느끼기도 합니다. 통합시간에는 1학년 아이들과 강강술래를 하며 놀았습니다. 동네 나들이를 좋아해 자주 나들이를 갑니다. 쑥개떡 해 먹을 쑥을 찾으러 갔는데 누구네 엄마가 쑥을 다 뜯어 갔다고 하는 아이들 이야기도 재미있습니다. 아이들 삶에 다가가는 장면을 만들며 살고 싶습니다.

아이들과 지내다 보면 아이들이 공부를 어려워하기도 하고, 관계 맺기를 힘들어 하기도 하고, 잘 놀지 못할 때도 있습니다. 공부를 도와주기도 하고, 반모임과 놀이를 통해 마음을 풀어 주고 관계 맺기를 도와주기도 합니다. 아이들과 삶을 나눌 수 있는 장면은 많습니다.

온작품읽기를 위해 책을 고르는 것, 읽는 것, 함께 공부하는 것들을 계속 찾아서 해 나가기가 쉽지는 않습니다. 하지만 아이들과 보내는 시간이 그렇듯이, 이것 또한 자기 힘으로 조금씩 꾸준히 해 나갈 때 아이들과 나누는 장면들이 자꾸 늘어납니다. 그 장면을 어떤 모습으로 만들어 가는 것이 좋을지 아직도 고민이고, 어려울 때가 많습니다. 송천분교에서 선생님들과 함께 살면서 온작품읽기도 시작이 되었습니다. 앞으로 온작품읽기를 아이들 삶에서 어떤 장면으로 만들어 갈지 다른 선생님들과도 함께 나누면 좋겠습니다.

6장

온작품읽기 넓혀 가기

김영주

이야기로 나누기

남한산초등학교에서 내리 3년 동안 1학년(꽃마을)을 맡았습니다. 서정오 선생님이 다시 쓰신 《옛이야기 보따리》(서정오, 보리) 열 권을 교실에 놓고 읽어 주었습니다. 어떤 날은 1시간을 읽어 주어도 계속 읽어 달라고 했습니다. 목이 아파서 도저히 이렇게는 갈 수 없다고 생각해서 아침마다 하루 두 편씩 읽어 준다고 했습니다. 아침에 "이야기 읽어 주세요." 말하면 두 편씩 읽어 줍니다. 그날 못 읽어 주면 다음 날 배로 읽어 주었습니다. 아침에 놓치면 점심을 먹다가 읽어 달라고 해서 읽어 준 적도 있습니다.

1학년 아이들은 왜 이야기를 좋아할까요? 이야기의 재미 때문입니다. 이야기를 듣다 보면 다른 세상, 다른 인물이 되어 상상을 할 수 있습니다. 나 아닌 남이 되어 보는 것, 남이 되어 맘껏 상상해 보는 재미에 폭 빠집니다. 특히 옛이야기 속에는 우리 겨레의 창의성이 담겨 있습니다. 누가 시켜서가 아니라 그냥 좋아서 입에서 입으로 옮겨지며 알아서 살아남은 것이 이야기라서 생명력이 질길 수밖에 없습니다.

할머니 할아버지들이 이야기를 손주들에게 들려주며 아이들의 바람을 반영했기 때문에 아이들이 좋아하는 이야기로 발전했을 것입니다. 어린아이들에게 어른과 세상은 모두 낯설고 두려운 대상입니다. 못났지만 우직하게 자기 길을 가다 누군가의 선물을 받아 문제를 푸는 이야기가 있습니다. 이런 이야기는 약자인 아이들의 마음과 바람을 담고 있다고 할 수 있습니다.

이야기 한 편은 한 작품으로서 완결성을 갖습니다. 완결된 이야기는 마음에 오래 남으며, 오래 남은 이야기는 다른 사람에게 전하게 됩니다. 다른 사람에게 이야기를 하다가 조금 다른 나만의 이야기를 만들게 됩니다. 그래서 재미가 있는 것입니다.

실제로 아이들이 "이야기 읽어 주세요."를 잊지 않고 말했기에 나도 한 해 동안 하루도 빠지지 않고 이야기 두 편씩을 읽어 주었습니다. 아이들이 싫어했다면 굳이 힘들게 하지 않았을 것입니다.

동화책을 몇 권 낸 탓에 가끔 다른 학교에 가서 작가 초청 수업을 합니다. 처음에는 모든 학년이 섞여 있어서 아이들에게 무슨 이야기를 해야 할지 몰라 고민이 되었고, 대부분 나 혼자 떠들다 나온 것 같습니다. 요즘은 내가 좋아하는 옛이야기 두세 편을 들려주거나 내가 작품을 쓸 때 겪은 이야기를 해 주고 옵니다. 그때부터 아이들이 내 이야기에 귀를 조금은 기울이게 되었습니다.

교장이 되어서 전체 아이들 앞에 설 때가 있습니다. 이때도 이야기 한 편을 들려주곤 했습니다. 남다른 것은 이야기를 들려주면 아이들이 나를 아주 편한 이야기 친구로 생각한다는 것입니다. 아이들에게 뒷산에서 젊어지는 샘물을 찾게 되었다고 했습니다. 날마다 물을 마셔서 요즘 조금씩 젊어지고 있는데, 그 증거로 내 머리카락이 다 빠졌다가 다시 나고 있다고 했습니다. 그런 뻥에도 아이들은 이런저런 다음 이야기로 친구처럼 나에게 말을 걸어옵니다.

1학년 아이들은 나와 40년 넘게 나이 차이가 납니다. 과연 무엇으로 아이들과 관계를 맺을 수 있을까 했을 때, 난 이야기만큼 좋은 것이 없다고 생각합니다.

이야기 나누는 공간 만들기

남한산초등학교는 학년에 한 반씩밖에 없기 때문에 반을 그냥 '마을'로 부릅니다. 1학년부터 6학년까지 순서대로 꽃마을, 나무마을, 산마을, 들마을, 강마을, 하늘마을입니다. 유치원은 별마을입니다. 교장실은 하늘마을 옆에 있습니다. 처음에는 교장실이 교육상담실로 되어 있었습니다.

하루는 전체 아이들 앞에서 왜 너희만 마을이고 난 상담실이냐, 나도 마을이고 싶다고 했습니다. 그리고 너희가 마을 이름도 지어 주면 어떻겠냐고 했습니다. 어떤 아이는 하늘마을 옆에 있으니 '달마을', 어떤 아이는 교장샘이니까 줄여서 '교샘마을', 어떤 친구는 상담실이니까 '이야기마을'이라고 말해 주었습니다. 나는 이야기마을이 좋았습니다. 안내판에는 교육상담실과 이야기마을 두 가지로 모두 적었습니다. 이야기마을이 되었으니 여기서 무슨 이야기를 할까 고민이 되었습니다.

먼저 이야기를 할 수 있는 곳으로 교장실 공간을 바꾸고 싶었습니다. 덩치가 큰 소파를 치우고 목공반 부모님들의 도움을 받아 부모님들이 손수 만든 네모탁자를 들여놓았습니다. 둥그렇게 열 명 정도가 앉을 수 있게 되었습니다.

1학년 교실에서 들려주던 《옛이야기 보따리》 열 권, 철따라 들려주는 옛이야기를 잘 보이는 곳에 놓았고, 집에서 읽던 그림책들을 이야기마을에 갖다 놓았습니다. 주로 1학년, 2학년, 3학년이 많이 왔습니다. 1학년 교실에서 하던 대로 두 편씩 골라서 읽어 주었습니다. 이야기 읽어 주거나 들려주기는 4년 동안 이어졌습니다.

교실에서 읽어 줄 때와 다른 맛이 났습니다. 쉬는시간에 오기 때문에 굳이 수업시간 목표에 매이지 않아도 되었습니다. 중간놀이 30분, 점심시간 자투리 30분, 오후에 집에 가기 전 시간이면 넉넉했습니다. 하다가 재미없으면 멈추어도 되고 듣다가 재미없으면 나가도 됩니다. 듣다 바쁜 일이 있으면 먼저 가도 됩니다. 나 또한 아무런 제약 없이 그냥 읽어 주다 아이들이 이야기하면 들어 주고 또 읽어 달라면 읽어 주었습니다.

옛날 할머니들이 잠자기 전에 아이에게 이야기 들려줄 때를 생각해 보니 조금 이해가 되었습니다. 잠자기 전에 외할머니가 이야기를 들려준 기억이 떠올랐습니다. 따끈따끈한 아랫목 이불 속에서 할머니 냄새를 맡으며 이야기를 들었습니다. 외할머니만큼은 아니겠지만 아이들은 들려주는 사람의 소리, 마음, 장면, 분위기, 느낌 같은 것도 함께 읽어 냈을 것입니다.

이야기를 듣고 나면 어떤 아이들은 뭔가를 그리고 싶어 했습니다. 그래서 색연필을 탁자 한가운데 놓아두고 이면지를 모아서 바구니에 넣어 두었습니다. 그리고 싶은 사람은 종이에 그림을 그리며 듣기도 하고 이야기 마칠 때 그림을 그리는 아이들도 있었습니다.

이야기의 선택도 달라졌습니다. 내가 꼭 들려주고 싶은 것이 아니면 굳이 먼저 고를 필요가 없었습니다. 이야기마을에 있는 책을 찾아서 가져오면 읽어 주었습니다. 옛이야기 책이든 그림책이든 고른 것을 읽어 주면 되었습니다. 자주 오는 아이들은 옛이야기 책이 있는 곳, 그림책이 있는 곳, 중학년 동화가 있는 곳을 다 알고 있습니다.

자주 오는 친구들에게는 나한테 이야기 한 편 들려 달라고 내가 제안하기도 했습니다. 그러면 자기가 들었던 이야기 가운데 재미있는 이야기를 들려주기도 했습니다. 선생님한테 들은 이야기, 친구한테 들은 이야기, 아빠한테 들은 이야기들이었습니다. 우리 학교를 배경으로 쓴 이야기를 읽어 주었더니 자기 이야기를 더 잘해 주었습니다.

이야기마을에서 틈날 때마다 붓글씨를 쓰곤 했습니다. 글씨를 쓰려는 목적보다 좋은 글을 차분하게 베껴 쓰면서 그 뜻을 새기고 싶었습니다. 백석과 김소월의 시집을 옆에 놔두고 시간 날 때 뽑아서 썼습니다. 하루는 아이들이 이야기마을에 왔다가 내가 붓글씨를 쓰고 있으니까 이야기를 걸었습니다. 뭐 하고 있는지, 벼루가 맞는지, 생각보다 잘 쓴다든지 말을 걸어왔고, 자기도 4학년 미술 시간에 붓글씨를 썼다는 말을 했습니다.

좀 시간이 지나자 어떤 아이들은 그러려니 하고 자기가 읽고 싶은 책을 찾아서 책을 읽었습니다. 난 옆에서 아무 말 없이 붓글씨를 썼습니다. 한참을 쓰고 있는데 1학년 선생님이 지나가다가 장면이 아름답다며 사진을 찍어 갔습니다. 내가 한석봉 어머니는 아니지만 내 옆에서 책을 읽고 있는 아이들을 보니 괜히 마음이 흐뭇해졌습니다.

온작품읽기는 글에만 있는 것이 아닙니다. 온전한 시 한 편도 훌륭한 작품입니다. 해마다 선생님들이 만든 문집이 나오면 쭉 읽어 나가다 마음에 드는 글을 옮겨 적곤 했습니다. 아이 시가 좋아서 학부모 총회에서 읽어 주기도 했습니다. 어른이 쓴 동시 가운데에도 좋은 동시는 골라서 다시 읽습니다. 그러다 한번은 우리 학교 아이들과 나누어 보면 어떨까 싶어서 공책에 써서 이야기마을 문 앞에 붙여 놓았습니다.

공 부 못 하 는 이 유

이중현

한석봉 엄마는

어둠 속에서도

떡을 고르게 썰었는데

우리 엄마는

대낮에도

떡을 삐뚤빼뚤 썬다

– 이중현 동시집 《공부 못하는 이유》, 문학동네

돌 봄 짝

송혜교(남한산초등학교 6학년)

오늘은 돌봄짝과 함께하는 날

돌봄짝과 점심을 먹는다

돌봄짝이 나에게 물었다

언니 주말에 뭐 했어?

집에서 뒹굴뒹굴 놀았어

어! 나랑 똑같다

너랑 나랑 다를 게 있겠냐

– 남한산초등학교 하늘마을 시집 《시가 하늘로 왔다》, 임영님 선생님 엮음

아이들은 동시인의 작품보다 우리 학교 어린이가 쓴 시에 관심을 많이 가졌습니다. 저학년 아이들도 뒤꿈치를 들어 시를 읽고 갔습니다. 때로는 좋은 시 한 편이 마음을 움직이고 삶의 이야기를 만들어 냅니다.

남한산초등학교 옆에는 분원초등학교가 있습니다. 거기 안준철 교장선생님은 교장실 이름을 '수다방'으로 바꾸고 나처럼 탁자를 놓은 뒤 아이들과 수다를 떠셨습니다. 훈화시간에는 자기가 할 말을 이야기로 만들어서 들려주는데, 스케치북에 이야기의 중요 장면을 그려서 한 장 한 장 넘기며 이야기를 한다고 했습니다. 그 학교를 방문했을 때 스케치북을 펴 보이시며 설명을 해 주는데 낯빛이 그렇게 밝을 수 없었습니다. 아이들과 이야기를 나누는 행복을 느끼고 계셨습니다.

서종초등학교로 옮긴 뒤 서종중학교 최형규 교장선생님을 만나러 갔습니다. 학생을 존중하고 의견을 반영한 공간들이 학교 곳곳에 있었습니다. 현관 양 벽면을 미술관처럼 만든 다음, 작품들을 전시한다고 하셨습니다. 어릴 적 학교 현관 하면 권위와 강압의 상징이었습니다. 중앙 현관은 학생들은 다니지 못하는 공간이었습니다. 현관에서 온전한 미술 작품들을 감상하며 다니는 서종중학교 학생들이 부러웠습니다.

남한산초등학교에서는 학교 공간 리모델링을 할 때, 복도 벽면들을 나무로 처리했습니다. 투명하게 칠해 나무 느낌 그대로를 살렸으며, 벽면은 누구나 붙일 수 있는 전시 공간으로 사용했습니다. 교실에서 나온 아이들 작품, 졸업 작품 전시회, 자유탐구 발표물 전시회, 학생회 행사 안내, 한글날 기념 한글 꾸미기 작품 전시회, 미술관에서 가서 활동한 작품 전시회, 여름계절학교 작품 전시회 등 곳곳에 학생들의 미술 작품들을 전시해 나누어 보곤 했습니다.

그러면서 학교 공간 곳곳은 무뚝뚝한 곳이 아니라 아이들에게 말을 걸어오는 공간이 됩니다. 나와 상관없이 상 탄 작품만 걸어 놓던 전시 공간, 아이들은 접근할 수 없는 현관과 꽃밭, 정해진 것만 교사가 전시한 교실 공간, 꼼짝달싹 못 하고 선생님 지시에만 따르는 수업 공간은 이야기가 엮일 실마리를 주지 않습니다. 학교 곳곳에 아이들의 손때가 묻어 있어 기억하고 이야기하고 싶은 공간이 많을 때 아이들은 저마다 이야기 한 편씩을 엮어 나갑니다. 그렇게 마음속에 남는 이야기들이 많으면 많을수록 아이들은 졸업한 뒤에도 그 학교를 찾아옵니다.

나만의 온작품 만들어 가기

온작품읽기의 마지막은 삶의 온전한 작품을 만들어 가는 것입니다. 옛이야기, 동화, 소설, 드라마, 영화, 만화 등이 다른 이들의 온작품이라면 내 삶은 나의 작품입니다. 내 삶 속에서 쭉 이어진 한 편의 작품이 마음에 많이 쌓여 있을수록 행복함을 느낍니다. 때로는 이것을 다른 사람의 온작품처럼 말, 글, 프리젠테이션, 만화, 그림 따위로 드러내곤 합니다. 그래서 예술 영역은 특정한 사람만이 하는 것이 아니라 모든 사람이 합니다. 아이들이 그린 그림 한 장, 글 한 편, 시 한 편, 이야기 한 편, 졸업식 때 발표하는 프리젠테이션 한 편 등은 작품이며 예술이며 삶이 됩니다.

교장이 되어 처음 교장실 이름을 바꾸고, 집에 있는 그림책과 동화책을 갖다 놓았고, 아이들 다모임시간에 이야기를 들려주었습니다. 아이들은 이야기마을에 자주 놀러 와서 이야기를 듣고 갔습니다. 나중에는 자기들이 찾아서 읽고 싶은 것을 읽어 달라고 하거나 내가 붓글씨를 쓰고 있으면 알아서 찾아 읽었습니다. 선생님들도 교무실이 복잡하면 이야기마을에서 회의를 하셨고, 상담 주간 때 빈 공간이 없으면 이야기마을로 왔습니다.

작은 이야기들이 모여서 이야기마을에서 지낸 4년 동안의 내 이야기가 남았습니다. 서종초등학교로 옮긴 요즘에도 이야기마을은 이어지고 있습니다. 서종초등학교에서 또 다른 이야기마을을 만들고 있는 것도 남한산초등학교에서 '이야기마을'이라는 삶의 온작품을 품었기 때문입니다. 이야기마을에 왔던 아이들, 선생님, 손님들 또한 자기들 삶의 이야기와 엮어서 자신만의 다른 이야기를 탄생시키고 있지 않을까 생각합니다.

난 아이들과 지내며 나온 이야기들을 동화로 쓰곤 합니다. 내 동화에는 대부분 아이들의 삶과 놀이가 담겨 있습니다. 1, 2학년을 맡아 옛이야기를 읽어 주다 보면 한 편의 이야기가 얼마나 아이들에게 큰 기쁨을 주는지 알게 됩니다. 그러다 옛이야기 형식 속에 요즘 아이들 이야기를 담으면 어떨까 하는 생각을 하게 되었습니다. 《바보 1단》(웅진주니어), 《본 대로 따라쟁이》(재미마주), 《교장샘 귀는 당나귀 귀》(휴먼어린이)에서는 옛이야기 형식에 요즘 아이들의 마음과 이야기를 담으려고 했습니다.

난 아이들 이야기를 쓰면 다음 날 바로 아이들에게 읽어 줍니다. 그러면 아이들 반응이 다양합니다. 처음 습작기에는 썼다는 것에 취해서 아이들에게 보이지 않았습니다. 좀 읽다 시끄러워지면 오히려 아이들을 혼내기까지 했습니다. 담임이 쓴 것이니 보통 아이들은 일단 들어주려고 노력합니다. 하지만 재미가 없어지면 조용히 들던 아이들까지 시끄러워집니다. 이것을 알아차려야 하는데 처음에는 그러지 못했습니다.

10년 정도 읽어 주다 보니 좋은 작품에는 떠들던 아이들조차 점점 집중한다는 것을 알게 되었습니다. 아이들이 시끄러워지면 아이들에게 맞지 않는 이야기, 재미없는 이야기라는 것을 알았습니다.

요즘에는 내가 할 이야기, 내가 쓴 이야기보다 아이들 이야기, 아이들 말에 더 관심을 둡니다. 1학년을 맡아 할 때는 한 달에 한 번씩 요즘 자기들이 부르는 노래, 놀이, 이야기 따위를 발표하도록 했습니다. 어떤 때는 통합교과 주제와 관련된 노래, 놀이, 이야기를 조사해 와서 모둠 아이들과 연습해서 발표하도록 했습니다. 1학년이지만 맛깔난 이야기로 반 아이들 모두를 휘어잡는 아이도 있었습니다.《본 대로 따라쟁이》란 작품은 이런 아이들 이야기의 줄거리를 바탕으로 합니다.

교장실인 이야기마을에 와서 이야기를 해 주는 아이들도 있습니다. 한 아이가 이야기를 어른에게 전할 정도면 그 이야기를 아이가 정말 재미있게 들었다는 뜻입니다. 재미가 없다면 줄거리가 잘 기억나지 않습니다. 진짜 이야기는 듣고 나면 꼭 다른 사람에게 하고 싶습니다. 그래서 이야기는 살아서 퍼집니다. 가장 많은 사람이 공동 참여하여 만든 작품이 우리 겨레의 옛이야기입니다.

아이들이 부르는 노래와 놀이는 그 자체가 작품이며 이야기입니다. 요즘은 도시화되면서 대부분 몸놀이가 사라졌지만 짝짝꿍 놀이는 아직까지 살아 있습니다. 전철을 타고 가다 보면 어린아이 둘이 짝짝꿍 놀이를 하는 것을 볼 수 있습니다. 〈푸른 하늘 은하수〉, 〈영심이 짝짝 맞아 영심이〉, 〈남산 위에 초가집 짓고〉 따위는 아직도 살아 있습니다. 소꿉놀이에서 아빠, 엄마, 아기 역할을 하며 아이들은 드라마 한 편을 찍습니다.

이런 놀이와 노래가 잘 반영된 작품이 현덕의《포도와 구슬》입니다. 내가 쓴《짜장 짬뽕 탕수육》도 그렇습니다. 놀이와 노래가 들어간 작품을 읽고 난 아이들은 옛이야기를 읽거나 듣고 나서 재미있으면 남에게 전하듯이 흉내를 내거나 놀이를 하거나 이야기를 해서 살려 나갑니다. 그렇게 작품이 퍼져 나갑니다.

한 작품을 읽거나 들으며 아이들은 또 다른 자기 작품을 씁니다. 삶을 살며 놀며 일하며, 아이들은 뭔가를 읽어 내고 읽어 낸 것을 삶에서 써 나갑니다. 교장실에서 들려준 이야기들이 나와 아이들의 삶에 또 다른 이야기와 작품을 써 나갈 수 있도록 했기에 꾸준히 할 수 있었을 것입니다.

3부

온작품읽기
수업 들여다보기

7장

온작품읽기로
수업하기 1

윤승용

독서감상문으로 온작품읽기

학교마다 모든 교실에서 이뤄지고 있는 온작품읽기 수업! 그러다 보니 자연스레 동료 선생님들과 나누는 이야깃거리로 올라올 때가 많습니다. 책 한 권을 한 블록에 나누는 게 가능한 것인가? 수업의 흐름은 어떻게 가져가야 하는가? 독후감을 쓰게 하는 게 좋은 것인가? 한 달에 한 권 정도를 길게 가져가는 것이 좋지 않겠는가? 선정된 책이 아이들 읽기 수준에 맞는 것인가? 학년마다 집중해야 하는 초점은 무엇일까? 책 읽기 힘을 어떻게 길러 줄 수 있을까? 이어지는 질문에 서로의 경험을 나누고 조금씩 다져 가지만 부족함이 많습니다. 그래도 몇 가지 정리된 생각들이 있어 함께 나누고자 합니다.

책을 읽고, 읽은 생각을 글로 담아 글로 옮겨 보는 공부만큼 깊은 공부는 없을 것입니다. 그래서 그런지 일찍부터 독서감상문을 교육과정 내용으로 잡아 놓고 아이들에게 가르치고 있습니다. 3학년부터 시작해서 본격적으로 가르치게 되어 있는데, 먼저 드는 생각은 너무 과한 것 아닌가 하는 것이었습니다. 일정한 형식이 있을 것 같지도 않은데 형식을 강조하고 있는 모양새를 취하고 있어 안타깝기까지 합니다. 그것도 교과서의 이곳저곳에서 독서감상문에 대해, 독서감상문을, 독서감상문으로, 가르치는 내용이 나와 쉽게 그 흐름을 잡을 수 없습니다.

함께 읽는 책이 있고 책을 읽고 난 느낌, 생각이 자연스럽게 독서감상문으로 나눠지면 어떨까 싶습니다. 굳이 어떤 형식을 정해 놓지 않고, 길든 짧든 책에 대한 소감을 적어 보는 경험 자체를 중요하게 생각하는 게 좋겠습니다. 조금 더 나아가 쓴 글 모두를 함께 공유하면 더욱 좋겠습니다. 왜 쓰는지도 모르고 쓰는 것보다 그 '쓸모'를 찾아 주자는 말입니다.

우리 반에서는 '책 소식지'를 만드는 방법으로 나누었습니다. 금요일에 수업이 있으니 목요일 저녁까지 아이들이 독후감을 올립니다. 이 글을 모아 소식지 모양으로 꾸며 다음 날 수업시간에 함께 읽습니다. 이 과정에서 다른 친구들은 어떻게 읽었는지, 어떤 부분에 집중했는지, 재밌었거나 감동적인 곳은 어디였는지, 서로서로 책 읽은 결을 느낄 수 있는 시간을 가질 수 있습니다.

책 소식지
나누기

　함께 읽은 책의 독후감은 교사인 나에게도 쓸모가 있습니다. 책의 내용이 아무리 좋다고 하더라도 아이들과 닿지 않으면 아무 소용이 없기에, 이런 활동은 읽은 수준을 가늠할 수 있게 할 뿐만 아니라 모두 함께 풀어 볼 이야깃거리도 찾을 수 있게 해 줍니다. 교사인 나에게 어떤 물음을 던져야 할 것인지, 어떤 활동으로 함께 할 것인지에 대한 여러 아이디어를 주는 창구이기도 합니다.

　'쓸모'를 찾아 준다고 해서 아이들이 힘들어 하지 않는다는 것은 아닙니다. 한 권의 책을 읽고 짧든 길든 글로 나타내는 작업은 어렵습니다.

　그래서 그런지 '책을 다른 이와 나누기 전에 독후감을 쓰는 게 어떤 의미가 있느냐?'를 주제로 선생님들과 의견을 나눈 적이 있습니다. 이는 책을 읽고 쓰는 글은 사회적 글쓰기가 되어야 한다는 취지의 문제 제기였습니다. 혼자 읽고 혼자 쓰는 글은 한계가 분명하다는 것입니다.

아이들이 부담 없이 글을 쓰고, 생각 알갱이를 잡아 글을 쓰기 위해서는 수업에서 충분히 다룬 후 쓰게 하는 것이 좋다는 의견이기도 합니다. 온작품읽기의 취지 중 하나가 꾸준히 글을 읽히자는 것이기 때문에 '혼자 읽고 혼자 쓰기'로 고통을 주는 것보다 같이 읽었으니 같이 쓸 거리를 찾아 글을 써 보는 형태가 아이들이 더 쉽게 접근할 수 있다는 것입니다.

모두 같은 책을 비슷한 시기에 읽고 나누는 경험 그 자체를 쌓게 해야지, 독후감을 써야 하는 '힘듦'을 꾸준히 줄 필요가 있느냐 하는 문제 제기이기도 했습니다.

혼자 글을 쓰라고 했을 때 아이들이 가장 힘들어 하는 것이 '쓸 거리'입니다. 한 권의 책을 읽었다 하더라도 쓸거리를 혼자 찾아내는 것은 쉬운 일이 아닙니다. 그렇다 보니 대부분의 아이들은 줄거리 쓰기에서 크게 벗어나지 못하거나 책 안에 깊이 들어가지 못한, 단순 느낌 정도에서 마무리하여 제출하는 경우가 많습니다.

그래서 책을 바탕으로 충분히 내용을 나누고 질문을 주고받으면서 들었던 여러 생각이 '쓸거리' 찾기의 부담을 줄여 줄 수 있다는 것입니다. 현재까지 기본 과정이었던 '책 읽기 - 독후감 쓰기 - 수업'이라는 틀을 '책 읽기 - 수업 - 독후감 쓰기' 형태로 바꾸는 게 낫다는 의견이 많았습니다.

'혼자 읽고 혼자 쓰기'가 어려운 것은 사실입니다. 그것도 일주일에 한 번씩 꼬박꼬박 다른 책으로 써야 하니 그 고통이 클 수밖에 없습니다. 하지만 꼭 힘들다고 해서, 어렵다고 해서 피해야만 하는 것일까요? 책을 읽고 깊든 얕든, 길든 짧든, 옳든 그르든 온전히 그 과정을 겪게 하는 것은 꼭 필요한 일이라 생각합니다.

이는 1년에 많아야 서른 번 정도를 하는 것입니다. 이 과정을 되풀이하는 것 그 자체가 사회적 글쓰기가 되는 것은 아닌가 하는 반문도 있었습니다.

이를 위해 따로 학습지를 만들어 도움을 주기도 합니다. 혼자 글을 읽고 독후감을 쓰기 전에 학습지를 통해 자기의 경험, 생각, 느낌, 배경지식을 미리 점검, 정리하고 그 속에서 글감을 잡아 글을 쓰게 하자는 의도입니다.

학 습 지 예

① 책 내용 중 가장 기억에 남는 내용을 세 가지 이상 적고 그 이유를 간단하게 써 보세요. 마음에 드는 부분, 마음에 들지 않는 부분, 감명 받은 부분, 말도 안 된다고 생각하는 부분, 재미있는 부분, 재미없는 부분 등 어떤 식으로든 인상적인 부분을 적고 이유를 쓰세요.

---

② 책 이름, 출판사, 저자를 적고 제목, 책 표지에서 예상한 것, 내 느낌 등 이 책을 처음 봤을 때의 느낌을 적어 보세요.

③ 책 속 내용과 비슷한 경험이 있다면 써 보세요. 비슷한 상황을 생각해서 써도 됩니다.

④ 이 책을 쓴 사람은 어떤 사람이고 왜 이 책을 썼을까 상상해서 써 보세요. 그리고 그에 대한 내 생각도 덧붙여 써 보세요.

⑤ 책을 읽으면서 떠올랐던 책, 텔레비전 프로그램, 뉴스, 음악, 영화 등이 있으면 써 보세요. 우리 교실이나 우리 사회의 모습을 연결해서 써도 좋아요.

⑥ 책을 읽고 나서 깨달은 점이 있으면 써 보세요.

먼저 쓰게 하느냐, 수업 후 쓰게 하느냐에 따라 글의 질은 분명히 다릅니다. 두 가지 형태가 가지는 장단점이 분명히 있습니다.

먼저 쓰게 했을 경우, 교사가 어느 수준에서 아이들이 읽어 냈느냐를 파악할 수 있을 뿐만 아니라 사전 질문을 마련하는 데도 도움이 됩니다. 또한 온작품읽기 수업을 하는 기본 까닭 중에 하나가 혼자 책을 깊이 있게 읽어 내게 하는 것이기 때문에 혼자 읽어 내고 자기의 생각을 담아내는 과정을 겪게 할 필요가 있다고 생각합니다.

물론 함께 나누고 난 후 쓴 글의 수준이 분명 높을 수밖에 없습니다. 하지만 그 수준의 깊고 얕음이 꼭 그렇다고 볼 수 있느냐 하는 문제도 있습니다. 수업 후에 쓰는 글의 경우, 교사의 의도가 강하게 들어갈 개연성도 있습니다. 주제를 탐구하는 경우, 여러 이야기가 오고 갈 것이지만 대부분이 아이의 개성 넘치는 생각보다는 한쪽으로 치우친 생각이 풀어져 나올 가능성이 큽니다.

이는 어쩌면 우리가 바라는 책 읽기의 모습이 아닐 수 있습니다. 먼저 쓰게 하는 게 옳다, 수업 후 쓰게 하는 게 옳다가 아니라 어떤 방식으로 독후감을 활용하느냐에 따라 달라질 것이라 생각합니다.

한 번은 6학년에서 온작품읽기 수업 전 독후감을 쓰고, 수업 후 다시 독후감 쓰기를 했습니다. 수업 전 독후감은 온전히 자기 생각으로 쓰는 글이고, 수업 후 독후감은 글을 충분히 나누고 다른 이의 생각과 경험을 나누고 쓰는 글이라 책 속에 좀 더 깊이 들어간 글이 많이 나온다고 했습니다.

다음은 같은 학생의 글입니다. 앞의 것은 수업 전에 먼저 쓴 글이고, 뒤의 것은 수업 후에 쓴 글입니다. 책 내용에서 왠지 겉돌고 있는 글에서 책 안으로 좀 더 들어가 자기의 생각을 풀어 간 것을 볼 수 있습니다.

수 업 전 의 독 후 감

《청소녀 백과사전》이란 책은 사춘기를 겪고 있는 아이를 배경으로 쓴 글이다. 일단 〈야, 춘기야〉에서는 사춘기를 겪고 있는 춘기(가명)라는 아이가 사춘기라서 막 꾸미고 다니고, 친구랑 염색도 하고 엄마한테 혼나고 뭐 그런 이야기다. 여기에서 춘기 엄마도 파마한다고 연탄집게 달궈서 파마하다가 머리 홀랑 태워 먹었다고 춘기 할머니가 얘기해 주셨다. 춘기가 염색했다고 혼나지는 않았겠다. 역시 할머니는 솔직하시다. (우리 할머니는 빼고.) 그리고 〈착한 아이〉도 괜찮았다. 현주가 지홍이한테 고백 편지를 쓴 건데 지홍이가 오해를 해서 현주 단짝 다솜이가 준 걸로 오해를 했다. 그런데 지홍이가 진짜 멋진 아이였다면 친구들이 듣지 않는 다른 곳에 가서 조용히 이야기해 줘야지 현주가 급 불쌍해졌다. 이 책은 전체적으로 보면 우리 나이에 딱 맞는 이야기인 것 같다.

– 6학년

수 업 후 의 독 후 감

이 책에서 나는 〈청소녀 백과사전〉, 〈착한 아이〉, 〈철이 데리고 수학여행 가기〉가 재미있었다. 원래 수업을 하기 전에는 〈야, 춘기야〉도 재미있었지만 계속 보니, 수업을 하고 나니 별로다. 뭐, 책을 평가하려는 건 아니고.

나는 내가 글 세 편의 주인공이라고 생각해 보았다. 일단 〈청소녀 백과사전〉의 경은이라면 난 영우한테 고백할 용기가 없을 것 같다. 그리고 성주가 엄청 큰 빼빼로를 줬을 땐 당황스러울 것 같다. 그래도 성주에게 빼빼로를 다시 돌려준다는 선택은 잘한 것 같다. 내가 좋아하는 사람이 아닐뿐더러 단짝 애리가 슬퍼할까 봐 다시 돌려주길 잘한 것 같다.

그리고 〈착한 아이〉에서 내가 현주라면 지홍이한테 고백 편지를 줄 때 그냥 이름을 밝힐 거다. 친구들 앞에서 망신당하느니 그냥 정면으로 차이는 게 낫다고 생각한다. 그런데 이 책에서 지홍이는 너무 매너가 없다. 현주를 친구들 앞에서 망신 주니 말이다.

그리고 또 〈철이 데리고 수학여행 가기〉에서는 철이가 여자 친구 영이한테 남자애들이랑 여자애들이랑 절대 자지 말고 놀자고 해 놓고 제일 먼저 자고 깨워도 안 일어나고 참으로 믿음직스러운 남자 친구다. 철이 성격이 원래 그런 걸 어떻게 할까? 내가 남자 친구를 사귀어도 철이 같은 스타일은 싫다.

— 6학년

수업 전에 쓰는 독후감은 어떻게 읽어 내고 있는지, 어떤 경험을 떠올리는지 스스로 발견하고, 들어간 의미는 무엇인지를 스스로의 힘으로 풀어내야 합니다. 그만큼 아이들마다 다른 눈을 발견할 수 있습니다. 수업 후에 쓰는 독후감은 생각이 나누어지고 풀어지는 과정과 다른 이의 눈을 경험하고 난 후에 쓰는 것이라 아이에게는 책을 또다시 볼 수 있는 기회를 줍니다.

모든 학년에서 이런 과정을 경험하면 어떨까? 이것은 무리라는 판단이었습니다. 3학년 초기에 책을 읽고 난 후 독후감을 쓰는 방법과 여러 가지 독후감의 형태를 경험하게 하는 과정, 책을 읽고 자기의 생각이나 느낌을 글로 나타냈을 때 정리와 확산의 기쁨을 충분히 느끼는 것으로 시작하여 조금씩 쌓게 하며 이후 6학년에서 강화할 수 있는 방법이라는 결론을 내렸습니다.

아이들의 독후감을 읽다 보면 줄거리만 읽어 내고 단순히 '재미있다, 재미없다.' 정도로 책을 대하는 경우가 많습니다. 글쓴이의 생각, 등장인물 서로가 나누는 대화에서 얻는 감정의 흐름, 지금 내가 딛고 서 있는 현실에 대한 자각, 나와의 만남 등 한 권의 책에서 만날 수 있는 세계는 크고 넓습니다. 줄거리 정도만 함께 알아보고 흥미 위주의 독후 활동이 이뤄져서는 안 되는 까닭입니다.

다소 어려운 일이지만 우리는 아이들이 책을 만날 때 좀 더 깊숙이 들어가길 바랍니다. 그 바탕에 독후감이 큰 자리를 차지하고 있습니다. 그렇다고 해서 독서감상문이 무엇인지, 어떻게 쓰는지 알려 주지 않고 책을 읽은 느낌을 쓰라고 강요하지 않습니다.

길든 짧든 쓴 독후감은 소식지 형태로 인쇄하여 수업 전에 나누는 시간을 두고 서로의 생각을 읽어 내는 과정이 있습니다. 가져온 생각이 아무리 작아도 함께 이야기를 나누면 이는 자연스럽게 수업 과정에서 풀어집니다. 글말로 표현한 자기 생각이 다른 이와 나뉘지는 과정 자체가 독서감상문의 쓸모를 알려 줍니다. 그리고 그 과정에서 느리지만 천천히 책 읽기의 깊이는 깊어집니다.

질문하기로 온작품읽기

책에서 생각을 끌어내는 방법, 내 생각을 끌어내는 방법으로 '질문하기'가 있습니다. 스스로 질문을 만들고 그 질문에 나름의 답을 해 보는 것입니다. 여기에서 멈추지 않고 다른 이와 나눈다면 자기가 생각하지 않았던 것을 깨닫기도 합니다.

책을 읽는다는 것은 여러 의미로 쓰입니다. 소리 내어 읽는 것도 읽는 것이고 글의 내용만 알아도 읽는 것입니다. 내용이 나를 잡아 끌면 읽고, 잡아 끌지 않으면 읽기를 멈추는 '선택독'도 읽는 것입니다. 하지만 여기서 멈추면 책이 주는 여러 소중함을 놓치기 쉽습니다. 아이들에게 책을 조금 더 깊이 읽어야 한다고 자주 강조합니다. 책이 우물이라면 똑같이 읽고도 많은 물을 길어 올리고 시원하게 마시는 사람도 있고, 겨우 목만 축일 정도로 읽는 사람도 있습니다. 함께 읽는 책인 만큼 깊게 읽어 보자고 합니다.

깊게 읽기 위해서는 천천히, 차분하게 읽어야 합니다. 찬찬히 살피며 읽어야 한다는 말입니다. 달려가면 보이지 않는 것이 많기 때문입니다. 책과 함께 여행하는 길에 천천히 걸으며 바람을, 구름을, 풀을 느낄 수 있어야 합니다. 그러기 위한 하나의 방편이 '질문하기'일 것입니다. 멈추고 질문하고 스스로 답을 말하거나 적어 보는 것을 말합니다. 던진 질문을 다른 이와 나눌 수 있으면 더욱 좋습니다.

질문하는 방법을 알려 주기 위해 그림책 《친구가 필요하니?》(헬

메하이네, 중앙출판사)를 3학년 아이들과 나누었습니다. 책 제목부터 책이 질문을 던집니다. 읽어 주기 전에 책이 던진 질문에 대한 생각을 물어봤습니다. "심심하지 않다." "숙제를 같이 할 수 있다." "자기의 고민을 털어놓을 수 있다." "초대할 수 있다."라는 이유 등으로 친구가 필요하다고 하네요. 필요하지 않다고 생각한 아이는 없습니다.

한 장을 넘기자, 주인공의 엄마 생각이 나옵니다. 다른 알을 볼 때는 "다 똑같은 알이다."라고 생각합니다. 그런데 직접 자기가 알을 낳고 나서는 아주 소중하게 여깁니다. "첫 장면에서 찾을 수 있는 질문은 무엇이 있을까?" 했습니다. "왜 다른 것은 소중하게 보이지 않고 자기 알만 소중하게 보일까?"라는 질문을 수정이가 찾아 줍니다. 이 질문에 답은 없지만 깊고 얕은 것은 있다고 말한 후, 이야기를 들어 봅니다. 민준이 말이 기억에 남습니다. "선생님께서 힘들게 얻어야 기쁘다고 했잖아요. 그것과 마찬가지로 자기가 힘들게 낳은 것이니 그렇습니다."라고 합니다. 한 가지 질문에 많은 이야기가 오고 갑니다.

이야기를 이어 읽어 주었습니다. 주인공 리하르트는 자기의 힘이 세지자 엄마를 들고, 황소를 때려눕히기도 합니다. 토끼도 타고 다니고, 누구하고나 싸워 이깁니다. 같은 또래의 까마귀하고도 싸웁니다. 모두 이기고는 자신을 자랑스러워 합니다. 그러던 어느 날 자기 주위에는 아무도 없음을 알게 됩니다. 시간이 흐르고 우연히 만난 늙은 까마귀에게 "어떻게 하면 친구가 생기냐?"라고 묻습니다. "너를 이기는 사람이 너의 친구가 될 것이다. 리하르트를 리하르트와 싸우게 하라."라는 말을 남기고 늙은 까마귀는 떠납니다. 이 말의 의미가 무엇일까요?

이어지는 내용도 그림과 함께 읽어 줍니다. 자신의 부리와 발톱이 싸우고, 오른 날개와 왼 날개가 싸웁니다. 머리와 가슴이 싸웁니다. 꽤 긴 시간이 지나고 리하르트는 지칩니다. 그것을 본 다른 까마귀는 진지한 눈빛을 보내고, 함께 하늘로 날아오릅니다. 리하르트에게 친구가 생긴 것입니다.

여기까지 읽어 주니 아이들이 여러 질문을 찾아 말해 줍니다. 그중에 앞에 인용한 말의 의미에 대한 질문이 많습니다. 같이 답해 보기로 합니다. 정연이 대답이 일품입니다. "자신의 잘못이나 욕심을 찢어 내야 친구를 사귈 수 있다."라는 의미라고 합니다. 아이들은 "와~!" 하며 고개를 끄덕입니다. '그래, 그 말일 거야.' 하는 소리입니다. 자기도 그 말을 하고 싶었다는 아이도 있습니다.

책을 읽으며 찬찬히 질문을 던지고 그 질문에 대답해 보는 경험을 쌓으면 쌓을수록 작품을 읽어 내는 깊이도 깊어질 것이라 믿습니다. 혼자 읽을 때도 그렇지만 같이 읽을 때도 질문하고 함께 찾아보는 경험은 여기에 더 큰 힘을 줄 수 있습니다. 그래서 아이들이 찾은 질문을 수업시간에 모아 내고 연결시켜 주는 것이 온작품 읽기 수업의 핵심이 아닐까 생각합니다. 여기에 더해 책의 핵심을 꿰뚫는 질문을 교사가 미리 준비하고 나누는 과정도 함께하면 아이들에게 더 큰 힘을 줄 수 있겠습니다.

잠깐의 가출, 잠깐의 솔직함
─《내가 나인 것》

아이들과 함께《내가 나인 것》(야마나카 히사시, 사계절)을 읽고 생각을 나누었습니다. 주인공 히데카즈는 학교에서나 집에서나 구박만 받는 아이입니다. 공부시간에 벌서기는 특별한 일이 아니고 "형제 중에서 네가 가장 형편없어."라는 말도 자주 듣습니다. '잠자코 고개나 푹 처박고 있자. 그럼 잔소리도 머리 위로 지나가고, 시간도 지나가겠지.'라고 생각할 만큼 엄마의 잔소리도 심합니다. 히데카즈는 결국 가출을 결심하기에 이릅니다. 가출이라지만 여행과 다르지 않았습니다. 잠시 떠나 있음으로써 자신을 되돌아보고, 삶을 위에서 내려다보는 게 바로 여행이니 그렇습니다. 히데카즈 역시 여행을 통해 성장의 기쁨을 누렸습니다.

그렇다면 아이들은 이 책을 읽고 어떤 생각이 들었을까요? 히데카즈의 삶이 자기네들과 별반 다르지 않다고 느끼는 아이부터 이런 엄마가 세상에 있냐는 아이에 이르기까지 이야기가 끊이질 않았습니다. 무엇보다 '가출'이라는 낱말에 주목하는 아이들이 많습니다. "우리 엄마는 그렇지 않은데." "우리 아빠는 이럴 때 이런 이야기를 해요." "내 동생은 이래요." 등 식구에 관한 이야기도 줄을 잇습니다.

> 히데카즈라는 녀석은 정말 간 큰 녀석이다. 내가 상상도 하지 못하고 꿈도 꾸지 못하는 '가출'이라는 것을 했기 때문이다. 아마 내가 가출을 꿈꾸고 실행으로 옮긴다면 채 일주일도 못 버틸 것이고 엄마, 아빠의 분노가 두려워 나가다가 다시 돌아왔을 것이다.
>
> — 김준성

> 엄마고 보호자라는 이유만으로 아이들의 자유를 빼앗는다는 것은 가혹한 일이다. 우리 엄마는 아니지만 아이들에게 학원만 가라고 강요하는 사람들을 보면 정말 혀가 차진다. 아이들도 놀 권리가 있는데 말이다.
>
> — 류호철

책에서 아이들 눈길을 끈 곳은 첫 부분입니다. 히데카즈가 학교와 집에서 받는 '취급'과 히데카즈의 '생각' 부분에서 많은 이야기가 오고 갔기 때문입니다. 자연스레 첫 부분이 이번 수업에서 함께 읽을 곳이 됩니다.

책을 나눌 때는 대부분의 아이들이 주목한 부분을 꼭 다시 읽어 봅니다. 맥락을 고려해 읽으면서 찬찬히 들여다볼 수 있을 뿐 아니라 이어지는 활동들을 깊이 있게 만들어 주기 때문입니다. 조용한 분위기에 책 읽는 소리와 책장 넘기는 소리가 교실에 가득합니다.

읽기를 마친 후 '나를 주인공으로 이야기 바꿔 쓰기'를 해 보자고 제안합니다. 여행을 떠나 지금 살고 있는 현재의 나를 생각한다고 가정해 보자는 것입니다. 처음엔 어렵게 느껴지겠지만 작품 속에 자신을 던져 놓고 생각해 보면 작품을 보는 새로운 눈도 가질 수 있고, 자신을 객관화시키기에 좋은 글이라 쉽게 따라할 수 있을 것 같았습니다.

하지만 막상 해 보니 어떻게 써야 할지 몰라 시작하지 못하는 아이들이 많았습니다. 그래서 "칠성이는 강마을 학생이다. 그는 자신이 잘생겼다고 아이들에게 강요한다. 실제로 잘생겼지만 아이들은 이 말에 동의하지 않는다. 다들 왕자병이 심각하다고 말한다. 하지만 칠성이는 스스로 잘생겼다는 생각을 버리지 않고 오늘도 열심히 학교에 다닌다."처럼 조금 장난스러운 예를 들어 이야기해 주었습니다.

그랬더니 어떻게 해야 하는지 감을 잡는 눈치입니다. 다만 포장해서 예쁘게 보이는 글이 아니라 자신에게 솔직한 글을 쓰도록 합니다.

한참을 쓰다 한 아이가 "이거 사생활 침해 아닙니까?" 하니까 너도나도 맞다면서 "이거 공개하시면 안 돼요!" "문집에 절대 넣으시면 안 돼요." "엄마가 알면 안 되는데!"라고 외칩니다. 책의 내용상 주로 혼나거나 자신을 부정적으로 묘사할 수밖에 없어서일까요, 아니면 속마음을 그대로 담아 공개하길 꺼려서일까요. 아이들의 부탁이니 가명으로 나누는 수밖에요.

진수는 장난도 많이 치고 잘 놀고 꾸중도 많이 듣는 아이다. 하루는 꾸중 안 듣고 넘어가는 줄 알았는데 결국 또 불려가 이야기하게 됐다. '아~ 오늘도 이야기해야 돼! 아, 싫은데.' 선생님이 막 잔소리를 한다. 너 이거 이거 잘했고 어쩌고저쩌고 잔소리하는데 귀에는 하나도 안 들어가고 입에선 "네, 네, 네."밖에 안 나온다. '아, 진짜 놀고 싶은데 선생님은 잔소리 대마왕.' "진수! 알겠냐?" 할 때쯤 정신이 든다. "네, 뭐라고요?" 하면 또 잔소리가 시작된다. 이때만큼은 진수도 집중해서 들어 "이건 저거고, 저건 이거고." 하면 선생님은 "변명은 수도 없이 많아!" 하면서 선생님 성격이 드러나는데 진수는 하는 수 없이 "네." 하고는 '아, 진짜 이건 아닌데.' 하고 중얼거리면서 돌아간다.

철수의 별명은 '거북이', 뭘 해도 느리다는 뜻이다. 밥 먹을 때도 느리고, 무엇을 할 때도 느리고. 따지고 보면 거북이보다는 '굼벵이'란 별명이 더 낫지 않을까란 생각도 든다. 엄마는 맨날 '빨리빨리' 하라고 한다. 게다가 철수는 울보다. 왜 그런지는 모르겠지만 눈물샘이 더 발달해서가 아닐까? 그래서 철수의 엄마는 매일같이 이런 말을 한다. "남 앞에서는 절대 울지 마라. 울면 지는 거다." 이 소리를 너무 많이 들어서인지 지금은 좀 나아진 편이다. 학교에서 철수는 친구들이 아주 만만하게 보는 존재다. 성격이 원래 '거절'을 못하는 성격이라서 뭐든지 다 받아 줘서 그런 것 같다. '거절'을 못한다는 것은 아주 불편한 일이다. 가끔은 싫다는 말도 하고 싶지만 왜인지 입 밖으로 절대 나오지 않는다.

바라던 대로 아이들이 꾸밈없이 자신의 생활을 되돌아봐 주었습니다. 뻔히 내가 볼 걸 알면서도 "선생님 보시면 안 돼요."라고 다짐을 받고 가는 아이들에게 웃음 짓지 않을 수 없습니다.

가끔, 아주 가끔은 산에 올라 아래를 내려다보는 것처럼 자신을 내려다볼 수 있어야 합니다. 시간의 흐름에 묻히는 '나'를 놓치지 않는 여유는 누구에게나 소중하기 때문입니다. 책을 통해 잠깐 다녀온 '가출'과 잠깐의 '솔직함'이었지만 우리 아이들을 조금은 자라게 했으리라는 생각이 듭니다.

온작품읽기 수업

기다림의 또 다른 이름, 편지
―《받은 편지함》

대학 때 강의실로 들어가는 통로에 과별로 나누어진 편지함이 있었습니다. 강의실로 들어가는 길은 여러 길이 있었지만 언제나 똑같이 편지함을 들렀습니다. 대부분의 편지는 여자 친구가 있는 학우들의 것이었고 나에게 오는 편지는 없었습니다. 하지만 무엇 때문이었을까. 그곳을 들여다보는 것이 습관처럼 매일 반복되었습니다. 언젠가 나에게도 편지가 오겠지 하는 마음이 컸던 것 같습니다. 마냥 편지함만 들여다보면서 '왜 나에게는 오지 않을까.' 하며 한숨도 많이 쉬었습니다. 고민하던 끝에 내가 먼저 보내 보자고 용기를 낸 적도 있습니다. 그 사람의 마음을 모른 채 먼저 내 마음을 드러내는 것은 어려웠습니다. 내 마음을 상대방이 어떻게 생각할지 알 수 없었습니다. 저에게는 대단한 용기였습니다.

어느 날 알게 된 다른 과 여자 학우에게 내 인생의 첫 편지를 보냈습니다. 몇 번이고 고치고 고친 편지였습니다. 가슴이 떨렸습니다. 나를 어떻게 생각할까. 기분 나쁘진 않았을까. 답장은 올까. 제대로 전달이 되긴 한 걸까. 수많은 물음 속에 하루를 보냈습니다. 며칠 뒤 기다리던 편지는 왔고, 이후 거의 매일 편지를 주고받았습니다. 자주 만나지도 않았고 만나면 딱히 무엇을 할지 몰라 우물쭈물했었는데 편지에는 뭐가 그렇게 할 말이 많았는지 모르겠습니다.

아이들과 함께 나눈 책 중에 《받은 편지함》(남찬숙, 우리교육)이 있습니다. 주인공 순남이는 친구가 없습니다. 더군다나 어려운 집안 형편에 늘 지쳐 있습니다. 순남이는 누구에게나 사랑받고 있는 반 친구, 혜민이를 부러워하며 지냅니다. 컴퓨터 수업시간, 새로 메일 계정을 만들게 되는데, 누구에게 보내야 할지 몰라 읽고 있던 책의 작가에게 메일을 보냅니다. 뜻하지 않게 답장을 받아 든 순남이. 자기 자신만큼이나 이름에도 자신감이 없었던 순남이는 '혜민'이의 이름으로 작가와 메일을 주고받습니다. 작은 거짓말은 시간이 지날수록 무엇이 진실이고 거짓인지 모르게 뒤죽박죽 섞여 버립니다. 순남이의 편지는 높은 곳에서 외줄 타기를 하듯 조마조마하기까지 합니다.

거짓으로 시작한 메일이지만 시간이 지나 이를 바탕으로 다른 이와 마음을 주고받는 법을 순남이는 서서히 알게 됩니다. 순남이는 이제 자기를 감추려고 하지 않습니다. 서서히 웃음을 찾아 가는 순남이를 지켜보는 마음은 읽는 내내 훈훈했습니다.

> 얼마나 혜민이가 부러웠으면 혜민이 이름으로 작가한테 메일을 보냈을까? 내가 순남이라면 나도 혜민이가 부러웠을 거다. 혜민이는 공부도 잘하고 인기도 많기 때문이다. 근데 이건 내 생각인데 아무리 부러워도 꼭 혜민이 이름으로 할 필요는 없었을 텐데.
>
> – 홍은솔

《받은 편지함》을 함께 읽고, 작가에게 편지를 보내 보자고 했습니다. 책날개에 작가의 메일 주소가 나와 있어 메일을 보내는 활동을 바로 할 수 있었지만 투박한 글씨체로 보내고 받는 기분을 느끼게 해 주고 싶었습니다. 칠판에 작가 선생님의 주소를 적어 놓으니 실감이 났나 봅니다. "와! 어떻게 알았어요? 근데 우리가 보내면 진짜 답장이 올까요?"라고 물어봐서 "얼마나 정성이 들어가는가에 따라 다르겠지. 글씨는 자기가 태어나서 이보다 더 잘 쓸 순 없다고 할 정도는 되어야 할걸." 하며 은근히 정성 들여 쓰기를 바랐습니다. 글쓰기 공책에 한 번 쓰고 난 뒤, 준비한 편지지를 나누어 주었습니다. 한 번 쓴 글을 다듬어 다시 쓰기를 더 힘들어 했습니다. 그래도 천천히 힘주어 쓰는 모습이 대견해 보이기까지 했습니다.

남찬숙 선생님께

선생님이 지으신 《받은 편지함》에 나오는 순남이처럼 이메일 대신 편지를 씁니다. 선생님이 쓰신 《받은 편지함》을 읽고 '이 책을 지은 선생님이 이혜숙 선생님이고, 정말 있었던 일이 아닐까?' 생각이 들기도 했어요. 제 꿈은 피아니스트, 수영 선수, 의사예요. 그런데 제 꿈과 달리 저도 책을 아주 좋아한답니다. 책을 읽다 보면 책 속으로 빨려 들어가는 것 같아요. 예를 들면 《세라 이야기》(프랜시스 호지슨 버넷, 시공주니어)를 읽을 때도 세라가 다락방에 갇히고 민친 선생님이 굶길 때, 저도 막 화가 났어요. 또 세라가 부자인 것을 알고 다른 곳으로 떠날 때 민친 선생님이 가지 말라고 말했을 때는 정말 통쾌했어요. 그래서 책이 정말 좋아요. 저는 특히 두꺼운 책이 좋아요. 오래 볼 수 있어서 좋고 이야기가 아주 탄탄하고 빈틈없잖아요. 하지만 저는 딱 제가 좋아하는 책만 봐요. 읽다가 재미없으면 그냥 덮어요. 제가 아주 좋아하는 작가가 있어요.(선생님 빼고 말이에요.) 로이스 로리, 미하엘 엔데, 한 사람 더 있는데, 아~ 생각이 안 나네요. 선생님도 책을 좋아하시나요? 안녕히 계세요.

– 들마을 정선민이가 (진짜 이름이에요.)

남찬숙 선생님께

안녕하세요? 이렇게 선생님께 편지를 씁니다. 《받은 편지함》은 재미있게 읽었습니다. 순남이가 메일을 자기 친구 이름인 혜민이 이름으로 썼더군요. 혜민이가 자기 이름으로 메일을 쓴 걸 알까 봐 조마조마했습니다. 순남이가 독자를 독제자라고 이메일을 보낸 것도 재미있었습니다. 마지막에 '사랑하는 독제자 친구에게, 꿈을 이루길 바라며'라고 쓴 것에 감동 먹어서 눈물 날 뻔했어요. 어쨌든 선생님이 쓰신 책은 어떻게 이렇게 재미있을까요? 아직 한 권밖에 못 읽어 보았지만요. 다음에 선생님을 뵙고 싶어요.

― 선생님 책을 많이많이 읽고 싶은 김지성

편지를 모아 한꺼번에 큰 봉투에 담아 우편으로 보냈습니다. 보내고 하루밖에 되지 않았는데 아이들은 "우리 편지 받았을까요?" "답장은 언제 주실까요?" "아무래도 제 편지에는 답장 주시지 않을 것 같아요. 잘 못 썼거든요." 하며 조바심을 냅니다. "기다리고 기다리다 보면 좋은 소식이 올 거야. 그런데 우리 모두에게 각자 보내 주시기는 힘들 거야. 우리 반 전체에게 답장을 주시지 않을까?"라고 하며 다독여 주었습니다.

일주일이 지났을까. 소식이 없었습니다. 연휴가 끼어 있어 편지를 주고받는 시간이 길어져서 그랬겠지만 아이들은 참아 주지 않고 나를 달달 볶습니다. 아침 인사가 "선생님 답장 왔어요?"가 될 정도로 아이들은 답장을 기다렸습니다. '어, 이러다가 답장 안 오면 실망감이 크겠는걸.' 하고 생각이 미치자, 하는 수 없이 실례를 무릅쓰고 작가 선생님께 전화를 드렸습니다. 다행히 서둘러 보내 주시겠다는 답을 들었습니다. 고마운 일이 아닐 수 없었습니다.

엊그저께 남찬숙 선생님께 편지를 보냈다. 나는 긴장이 된다. 오늘 우체부 아저씨에게 24명이 쓴 편지를 보내는 날이다. 나는 남찬숙 선생님이 나한테 꼭 답장을 보내면 나도 꼭 보내고 그럴 계획이다. 편지나 이메일을 보내고 계속 보내면 나는 남찬숙 선생님이랑 친하게 지낼 수 있다. 나는 걱정이 된다. 만약 주소를 잘못 써서 주소를 못 찾아가서 내 편지만 없을 수도 있고 또 아니면 남찬숙 선생님이 글씨를 못 알아보거나 그럴 수 있어서. 나는 편지가 남찬숙 선생님께 멋진 편지가 되길 바란다.

— 방세원

편지가 도착한 날 아침. 내가 종이 상자 하나를 들고 교실에 들어가니 "혹시 편지 온 거 아니에요?"라며 내가 뜯기를 기다립니다. 답장이 확실한 것이 확인되자 빨리 자기 편지 달라고 아우성입니다. 작가 선생님은 참으로 고맙게도 편지를 보낸 모든 아이에게 답장을 써 주셨습니다. 한 번도 뵌 적 없는 분이지만 그 마음 따뜻하게 받아 너무 기뻤습니다.

나는 오늘도 그냥 평범하게 학교로 왔다. 그런데 남찬숙 선생님에게 답장이 온 거다. 파란 봉투에 별 딱지가 있었다. 왜 답장이 왔냐면 2주 전에 편지를 보냈기 때문이다. 나는 답장 받을 때 떨렸다.

친구들이 받고 내 차례 때 기대되었다. 선생님이 "내 책을 읽어서 좋았다."고 나와 있었다. 휴~ 떨리고 기대되는 하루였다.

– 오창현

나누어 주고 읽는 내내 아이들 얼굴을 보니 밝습니다. 다른 친구가 보려고 하니 잘 보여 주지도 않습니다. 자기가 물어보았던 말, 자기 생각을 전했던 말, 자기 꿈을 썼던 말에 대한 작가 선생님의 정성스런 편지를 받은 아이들은 살며시 웃는 얼굴로 그 느낌을 전합니다. "어, 나한테도 답장이 왔네!" 하며 다소 퉁명스럽게 말하던 아이도 기쁜 마음만큼은 감추지 못합니다.

…… 규리 이름이 이상하다고? 아닌데.^^ 이상하지 않고 오히려 아주 예쁘고 멋진데. 규리라는 이름은 흔하지 않아서 한 번 들어도 오래 기억에 남을 것 같다. 왠지 분위기도 있고.^^ 그러니 이름이 이상하다는 생각은 안 해도 될 것 같다.
편지를 보니 규리가 책을 읽는 걸 무척 좋아하는 것 같아 기분이 좋네. 나도 어릴 때 그랬어. 책을 무척 좋아했단다. 내가 어릴 때는 책이 귀하던 시절이라 많이 읽지는 못했지만 말이야. 요즘은 책을 꼭 사지 않더라도 볼 수 있는 방법이 많아서 정말 다행인 것 같아. 앞으로도 좋은 책 많이 읽고, 마음이 넓고 깊은 사람으로 자라면 좋겠구나. 나도 규리 말대로 열심히 좋은 책 쓰도록 노력할게.^^……

…… 준서 말이 맞아. 물론 내 어릴 적이랑 똑같은 모습은 아니지만 내가 어릴 적에 꼭 순남이 같은 아이였거든. 자신감도 없고, 남 앞에 나서기도 싫어하고. 친구도 잘 사귀지 못하는 순남이 성격이 꼭 나랑 닮았단다. 《받은 편지함》 책을 쓰면서 순남이나 나 같은 친구들이 이 책을 읽고 자신감을 갖게 되면 좋겠다고 생각했어.

멀리 떨어진 사람과 글로 주고받는 '대화'가 바로 편지입니다. 예전보다 다른 이에게 소식이나 마음을 전할 방법은 많아졌습니다. 문자 메시지, 메일, 채팅, 블로그, 카페, 트위터에 이르기까지 익명의 사람과도 언제나 쉽게 이야기를 나눌 수 있습니다. 하지만 우리는 얼마나 그 속에 내 마음을 담아내고 있을까요? 쉽게 주고받을 수 있다는 좋은 점 이면에 놓치고 있는 무엇은 없을까요? 또박또박 꾹꾹 눌러쓴 편지가 갖는 정성과 기다림이 그리워지는 이유입니다.

작가와 나눈 편지

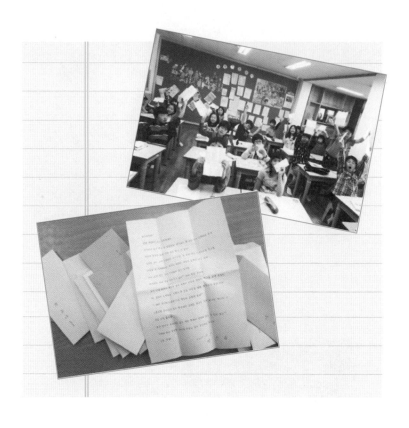

우리가 바라는 도서관
─《도서관에 가지 마, 절대로》

우리 아이들이 가장 좋아하는 시간은 중간놀이시간과 점심놀이
시간입니다. 넉넉한 시간인데도 짧게만 느껴지나 봅니다. 운동장,
놀이터, 뒤뜰, 숲, 교실 앞마루에서 뭘 하고 노는지 참 열심히도
놉니다.

중앙현관에도 아이들은 가득합니다. '북카페'라고 이름 붙인 곳인데, 낡았지만 아늑한 소파에 앉아 이야기 나누기도 하고, 잡지에 빠져 있는 아이도 보입니다. 북카페 뒤쪽으론 옹달샘이라는 도서실이 있습니다. 옹기종기 모여 앉아 있어 가만히 들여다보니 사서 선생님과 함께 책을 나누고 있습니다. '맛책'시간입니다. 학기 초에 미리 신청한 아이들을 중심으로 매주 학년마다 요일을 정해 책을 나누는 시간으로 꾸려집니다. 때론 따뜻한 차를 함께 마십니다. 몇 명만 앉아도 지나기 쉽지 않을 정도로 좁고 책으로 가득 찬 옹달샘. 해가 잘 들지 않는 도서실이지만 푸근한 사서 선생님과 책을 아끼는 아이들의 사랑으로 늘 아늑하기만 합니다.

하지만 조금씩 늘어나는 학생들과 책으로, 도서실을 보는 선생님들의 근심은 깊어만 갑니다. 올해 도서관을 새로 건립하는 문제로 수차례 의견을 나누었지만 아직까지 뚜렷한 얘기가 나오지 않고 있어 안타깝기만 합니다. 교장 선생님이 발 벗고 나서는데도 쉽지 않은 모양입니다. 어떻게든 예산을 마련한다고 하더라도 학교가 도립공원 안에 있어서 문화재 보호와 관련하여 헤집고 나갈 길이 어렵게만 느껴집니다. 교육지원청에서 공사를 맡아 진행해도 표준화된 건물만 덜렁 지어 버릴 것 같아 걱정이 앞서기도 합니다.

아이들과 재미있게 읽었던 책 중에 《도서관에 가지 마, 절대로》(오언 콜퍼, 국민서관)가 있습니다. 5형제로 북적거리는 집이 난장판이 되자 아빠는 큰아이 둘을 도서관에 정한 시간 동안 있게 합니다. 윌과 마티가 그 아이들입니다. 윌과 마티에게 도서관은 끔찍한 곳입니다. 책을 읽는다는 건 자신들과 동떨어져 있는 그 무엇이었기 때문입니다. 더군다나 윌과 마티가 가게 될 도서관엔 무시무시한 감자 총 선생님이 있습니다. 생긋 웃다가 내쫓길 수도 있고 킥킥대다가 감자 총을 맞을 수도 있습니다. 큰 소리로 웃다가는 이 세상에서 영원히 사라져 버릴지도 모릅니다.

무서운 사서 선생님 밑에 가만히 앉아서 책 읽는 척을 하고 있기란 여간 곤욕스러운 일이 아니었을 것입니다. 그렇다고 해서 뛰쳐나가지도 못하는 신세라니. 매일 읽는 척하기도 지겨웠나 봅니다. 윌과 마티는 결국 책의 한 구절에 꽂혀 자기도 모르게 책 한 권을 다 읽게 되고, 서가의 책을 모두 읽게 되는데 이 과정이 보는 이들을 웃음 짓게 합니다.

아이들은 우리 학교 사서 선생님이 무섭지 않아서 다행이라는 말과 함께 진짜 감자 총이 있으면 좋겠다는 조금 익살스런 반응까지 보였습니다. 무엇보다 자기가 빠져서 읽어 보았던 책 이야기를 나눌 때는 시간 가는 줄 모르게 여러 이야기를 들려주었습니다.

시간이 지나 도서실 이야기로 화제를 돌렸습니다. 현재 고민하고 있는 우리 학교 도서관 이야기를 꺼낸 것입니다. 연일 선생님들이 회의하는 주제가 도서관이라고, 내년에는 지어야 할 텐데 걱정이라고, 아이들의 의견이 될 수 있으면 많이 들어간 도서관을 지어 누구나 사랑하는 도서관이 되면 좋겠다는 말을 했습니다. 남한산성 안에 있기 때문에 한옥 단층으로 지어야 한다는 것도 알려 주었습니다. 선생님들이 미리 살펴본 도서관 중에 '구로 어린이 도서관'을 사진으로 보여 주었더니 입이 떡 벌어지면서 너도나도 부러워합니다.

"여러분이 바라는 도서관은 어떤 모습인가요?"라고 물어보았습니다. 바로 장난기가 발동해 "수영장이 크게 있으면 좋겠어요." "아이스크림을 공짜로 먹을 수 있는 곳도 있었으면 해요." 하면서 나오는 웃음을 멈추지 않습니다. 정색을 하고 "여러분이 진지하게 생각해 주었으면 합니다. 선생님들이 회의할 때 여러분이 그려 준 그림을 가지고 회의를 할 예정이거든요. 요즘 흔히 볼 수 있는 고가도로도 한 유치원 아이가 그린 그림 때문에 세상에 나온 것이라는 얘기도 있잖아요. 우리 학교와 함께할 우리 학교 도서관에 여러분의 아이디어가 들어가면 얼마나 좋겠어요. 지금 시간을 줄 테니 여러분이 바라는 도서관 안 모습을 나타내 보세요. 소중한 자료로 쓰일 것입니다." 했더니 금세 진지해집니다. 미심쩍은 얼굴로 "진짜죠?" 하면서 확인하기도 하지만 이미 쏟아 낸 말에 그냥 웃을 뿐입니다.

큰 결과를 기대한 활동도 아니었고, 잠깐 생각해 보자는 취지에서 한 활동이었습니다. 때문에 아이들에게 시간도 많이 주지 않았습니다. 하지만 중간놀이시간이 되자, 하는 데까지 하고 선생님에게 내고 나가게 했는데도 아이들이 나가지 않습니다. '이게 무슨 일인가?' 싶어 가까이 다가가 보니 오밀조밀 그리느라 시간 가는 줄 모르고 있습니다.

규리는 1층 빼곡하게 책을 채워 놓고, 높은 곳은 사다리를 타고 올라가게 했습니다. 학년별로 읽는 공간도 달리했습니다. "공간만 충분하다면 이렇게 따로 해도 괜찮겠네요. 그런데 이렇게 책을 꽂아 두면 찾기에 불편하지 않을까?" 했더니 "일단 도서관은 책이 많아야 돼요. 그리고 사다리 오르락내리락하는 게 재미있을 것 같아요. 어른 책, 아이 책 구분하지 않아도 괜찮아요. 어차피 읽고 싶은 책 읽으면 되니까요." 합니다. 명답이 아닐 수 없습니다.

유난히 몸에 열이 많은 준겸이는 시원한 것을 좋아합니다. 한여름 교실에서 시원한 에어컨 바람 밑에서도 부채를 손에서 놓지 않는 아이입니다. 이런 준겸이는 도서실에 피서방과 따뜻한 방을 만들어 놓았습니다. 책 읽기에 알맞은 온도를 찾아 읽으면 좋겠답니다. 지하실을 만들어 수면실도 그려 넣었는데, 푹신한 침대에서 누워서 책을 읽을 수도 있고, 피곤하면 쉴 수도 있는 공간이라고 했습니다.

어느 정도 마무리된 것 같아, 걷어 하나씩 살피면서 교무실로 가고 있는데, 매우 안타까운 표정으로 창현이와 현이가 왔습니다. 아직 완성을 못했는데 내일까지 가져오면 안 되겠냐고 합니다. 그러라고 했더니 "아직 선생님들 보여 주시면 안 돼요!" 하면서 좋아합니다. 내가 '뻥'을 너무 쳤나 싶어 살짝 미안했습니다.

다음 날 교실 게시판에 아이들의 설계도를 붙여 놓았더니 "야! 이건 너무 현실성이 없잖아! 1층인데 굳이 엘리베이터로 움직이냐?" "오호! 수영장을 기어코 그렸네! 뭐 이 정도면 괜찮겠네." 하며 자기네들이 그린 도서관 설계도를 떠나지 않습니다. 어서 빨리 우리 아이들이 기다리는 예쁘고 아늑한 도서관이 생겼으면 좋겠습니다.

내가 원하는 우리 학교 도서관은 일단 가는 곳마다 방석이 푹신하게 깔려 있는 곳이다. 그리고 신발은 벗고 들어가는 걸로 하고, 그리고 일단 도서관처럼 분류 표기가 되어 있으면 좋겠다. 그리고 무인 대출, 반납대도 만들고 도서관 카드와 도서 검색대도 있으면 좋겠다.

주로 소설이 많았으면 좋겠고 목이 마르니까 정수기도 있으면 편하겠다. 또 DVD를 볼 수 있는 방도 두 개가 있으면 좋겠다. 소리가 새 나가지 않게 헤드폰을 끼고 여럿이 앉아서 텔레비전을 보면 좋겠다. 학교에서 빌린 DVD를 이곳에서 보면 좋을 것 같다.

그리고 다락방에서 맛책을 하거나 숙제, 독서, 토론 등을 하면 그곳이 유용하게 쓰일 것 같다. 한 책장에는 잡지책이나 어린이 잡지가 있으면 따로 잡지를 찾을 필요가 없으니까 좋을 것 같다. 그리고 친구들과 비밀 이야기 같은 것 할 수 있는 수다방 같은 것도 있으면 좋겠다.

화장실은 정말정말 꼭 필요한 것 같다. 읽던 책을 손에서 놓기가 싫은데 저쪽 건물까지 가기는 싫을 테니까 화장실도 꼭 있으면 좋겠다. 그리고 도서관 이름은 꿈나무 어린이도서관, 책벌레 어린이 도서관, 쉼터 도서관 등이 좋을 것 같다. 이런 최신식 도서관이 있으면 정말 도서관에만 콕! 박혀 있을 것 같다.

– 4학년 민솔

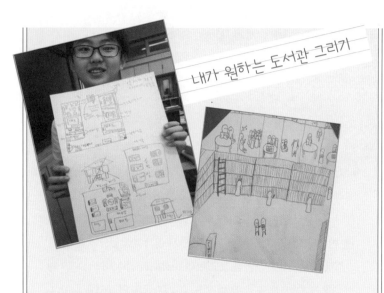

내가 원하는 도서관 그리기

* 이 글은 2011년에 쓴 글로, 남한산초등학교에 한옥 도서관이 지어지기 3년 전 글입니다. 지금은 한옥 도서관이 예쁘게 지어져 아이들의 사랑을 받고 있고, 사서 선생님도 모시게 되어 기쁨으로 채워지고 있어요.

한옥 도서관 '책마루'

별명 부르기
─《김구천구백이》

《김구천구백이》(송언, 파랑새어린이)를 재미나게 읽은 친구들이 많습니다. 책에 점수를 주는 시간을 잠깐 가졌는데 5점 만점을 준 친구들이 대부분입니다. 낮은 점수를 준 친구들 몇 명은 장난감과 돈, 남자아이들이 나누는 대화 등이 자기에게 맞지 않았다는 평가를 내립니다.

온작품읽기 수업을 이어 가다 아이들 반응을 들어 보면 제가 읽었을 때 생각하지 못했던 걸 많이 알게 됩니다. 아이들의 마음과 생각이 읽히기도 하고요. 아무래도 여자아이들이 공감하기엔 어려운 남자아이들의 세계가 따로 있나 봅니다.

책에 나오는 선생님은 반 아이들에게 별명 붙여 주기를 좋아합니다. 썩은 떡, 김브라보, 김구천구백이 모두 작가 송언 선생님이 실제로 아이들에게 붙여 준 별명이라고 알고 있습니다. 언젠가 송언 선생님의 이야기를 연수 때 들었는데, 별명마다 얽힌 이야기가 시간 가는 줄도 모르게 재밌습니다.

우리 아이들에게도 별명이 있는지 물어보았습니다. 알고 있는 별명은 나도리(나도경) 정도인데 몇 개나 나오나 했습니다. '와! 이게 웬일인가!' 엄청나게 많이 나옵니다. 그것도 너무나 재미난 별명들입니다. 별명에 얽힌 이야기도 재밌습니다. 칠판 가득 적어도 계속 나옵니다. 당사자가 싫어하는 별명은 지웠는데도 많기만 합니다.

듣는 김에 모두 들어 보고 어떻게 해서 생겨나게 되었는지도 들어 보았습니다. 마구 웃으며 들었습니다. 서로 말하겠다고 이곳저곳에서 소리 지르는 아이들도 있습니다. '워워' 하면서 칠판에 적어 보았습니다. 별명들이 재미있는지 공책을 뜯어 적어 두는 아이도 있습니다.

최고의 별명 뽑기도 해 봅니다. 잘 지었다고 생각하는 별명에 손을 들고, 많이 나온 몇 개만 골라 최종 투표! 윤환이의 별명 '모차르트'가 뽑힙니다. 파마한 머리가 닮았다고 지었답니다. 발음을 아주 잘해야 한다고 합니다. "모차~르르르트" 하면서 조금은 느끼하게 불러야 제맛이랍니다. 성준이는 '피오나 공주'랍니다. "슈렉, 나의 사랑을 받아 줘~"를 느끼하게 해 보라고 하니 성준이가 아주 실감나게 해 줍니다. 교실은 금방 웃음바다가 됩니다.

이 책은 교실에서 벌어지는 장면이 많은 이야기입니다. 그래서 모둠별로 책 내용 중 한 장면을 뽑은 다음, 정지 동작으로 꾸며 보자고 했습니다. 모둠마다 한 장면을 골라 정지 동작으로 표현하면 다른 모둠이 맞히는 활동입니다. 선생님에게 꿀밤 맞는 장면, 불고기 먹는 장면, 돈을 가져다주는 장면. 겹칠 수도 있겠다 싶었는데 모두 다른 장면으로 표현해 줍니다. 나는 잘 모르겠는데 아이들은 잘도 맞힙니다. 책을 자세히 읽은 아이들은 금방금방도 맞힙니다.

별명 부르기

따돌림 없는 교실
─《반토막 서현우》·《파랑이와 노랑이》

온작품읽기로《반토막 서현우》(김해등, 사계절)를 나누는 날. 수업
에 들어가며 책 읽은 소감을 물어봅니다. 아이들 대부분이 무서웠
답니다. 멧돼지가 나오는 장면에서 너무 무서웠다면서 책 속에 푹

빠져 재미있게 읽었다고 합니다. 남자아이들이 많은 우리 반이라 남자아이들의 흥미를 끌 만한 작품을 많이 넣었는데 아이들이 재미있게 읽어 주었다니 고맙기도 했습니다.

소감을 돌아가며 듣는데, 재미있었거나 기억에 남는 장면, 무서웠던 장면, 인상 깊었던 장면 중심으로만 이야기를 합니다. 주제와 맞닿아 있는 소감을 말해 주면 풀어내는 게 조금 쉬운데, 조금 아쉽기도 했습니다. 그래서 미리 마련한 질문을 던졌습니다. 따돌림을 받은 기억이나 본 일을 이야기해 달라고 했습니다. 유치원에서부터 다른 학교에서 있었던 일, 1학년 때 일, 2학년 때 일. 어이구! 3학년 때 일도 많이 나옵니다. 먼 과거의 일을 말하면서 눈물을 글썽이는 아이도 있습니다.

○○이가 겪은 일을 말했을 때는 눈시울이 많이 젖었습니다. 이 학교 오기 전에 있었던 일인데, 반 아이들 모두가 자기에게 말을 붙이지 않았던 적이 있었다고 합니다. 자기는 몰랐는데 엄마한테 그런 일이 있었다고 전해 들었다고 합니다. 얼마나 힘들었을지 무서워 소름이 돋을 정도였습니다. 사소한 일에서부터 큰 이야기까지 아주 길게 듣는 시간이었습니다.

조그만 종이를 한 장씩 나누어 주었습니다. '따돌림 없는 산마을(산마을은 반 이름입니다.)'이라는 주제로 이것만큼은 없애자, 이것만큼은 하자 하는 걸 하나 이상 적어 보라고 했습니다. 발표시키지 않고 그냥 받아 두었습니다.

'친했는데 갑자기 다른 친구랑 어울리는 것 정말 속상하다.' '친한 친구, 안 친한 친구 구분하지 말자.' '정정당당하게 하기' '좋은 말로 말하기' '친구가 싸울 때 누구 편들지 않기' '따돌림 받는 친구에게 먼저 다가가자.' '사람을 피하지 말자.' '어떤 놀이를 할 때 친구가 하고 싶어 하면 인원수 상관없이 끼워 주자.' '아무리 화나도 돌을 던지지 말자.' '되도록 같이 놀자.' '단짝 하지 말자.' '누구를 피해 가며 말하지 말자.'

자기들이 받았던 일, 했던 일 모두 적어 줍니다. 고마운 일입니다. 이어지는 다모임시간에 더 이야기해 보면 좋겠다 싶었습니다. 이어 우리 반의 따돌림 지수를 알아보기로 했습니다. 모두 엎드려 눈을 감고 손만 들었습니다. 자기 생각에 산마을의 따돌리는 문화가 높다고 생각하면 5점, 낮다고 생각하면 1점입니다. 1점부터 5점까지 있고 점수가 높을수록 좋지 않은 것입니다.

결과가 좋지 않습니다. 1점 3명, 2점 14명, 3점 9명, 4점 4명, 5점 2명입니다. 반 정도 아이들의 점수가 좋지 않은 것입니다. "어떤 일을 당하면 따돌린다고 생각할까요?" 하고 물었더니 끝이 없습니다. 농구나 축구를 할 때 함부로 편 가르기, 누구는 끼워 주고 안 끼워 주는 것, 억울한 일이나 안 좋은 일을 당했을 때 복수하는 문화, 억지 부리거나 소리 지르는 것, 친구를 가리는 것(차별), 협박이나 싫은 일을 시키는 것, 귓속말 하는 것, 신체 가지고 놀리는 것 등이 있습니다. 정리를 해 놓고 보아도 심하긴 심합니다.

수업을 일단 마무리 지으며 자기가 당하기 싫은 일을 자기가 하지 말자라고 강조했습니다. 말 한마디로 문화가 바뀌지는 않겠지만 꾸준히 이야기하는 속에서 다져 나가야겠습니다. 이제는 스스로 용기 내어 무엇을 하지 않겠다는 다짐을 하도록 했습니다. 몇 명 손을 안 들 줄 알았는데 대부분의 아이들이 손을 들어 스스로를 반성하는 말을 했습니다. 역시 고마운 일입니다. 좀 더 맑고 웃음 넘치는 산마을을 위해 서로가 서로를 보듬었으면 좋겠습니다.

다음 날 다모임시간, 온작품읽기 시간에 나누었던 이야기를 이어 갔습니다. 우리 반 약속으로 정했으면 하는 것을 하나 이상 적어 낸 종이를 함께 읽었습니다. 단짝 만들기 없기, 인원이 찼어도 끼워 주기, 소리 지르지 않기, 화가 나도 세 번 참기 등등 구구절절 많습니다.

우선 단짝에 관한 이야기를 나누었습니다. "단짝 만들기 없기라고 누가 적었네." 했더니 술렁거립니다. 왜 그 좋은 걸 없애자고 하는지 따지는 아이도 있습니다. 진정시키고, "음, 단짝의 좋은 점이 많나 보구나!" 했습니다. "이것을 적어 낸 친구는 안 좋은 점이 있어 그렇게 적었나 보다."라고 말을 전하며, 단짝의 좋은 점을 먼저 말해 달라고 했습니다. '비밀 이야기를 할 수 있다.' '절대 심심할 일이 없다.' '외로울 일이 없다.' '마음이 편하다.' 등 끝이 없습니다.

어느 정도 들었다 판단되어 좋지 않은 점도 들어 보았습니다. 이 역시 많은 말을 쏟아 냅니다. '친하고 싶은 친구랑 친해지기 힘들다.' '단짝이 다른 아이랑 놀고 있으면 나에게 토라진 것처럼 보인다.' '단짝 아이들이 다른 아이들을 싫어하는 것 같다.'와 같은 이야기가 많습니다.

　일단 여기까지 듣고 "모두 친하게 지내자."라고 적어 준 친구가 있어 소개했습니다. "이것은 어떠냐?" 했더니 한 명도 빼놓지 않고 아주 좋은 약속이라고 말합니다. "음, 그렇다면 단짝이 있으면 안 되겠구나!" 했더니 "왜요?" 합니다. 차분하게 설명해 주었습니다. "단짝은 친하고 싶은 사람하고만 친하고 다른 친구들이랑은 친하게 지내지 않겠다는 말이 아니냐?"라는 말을 여러 예를 들어 가며 설명했더니 수긍하며 단짝을 만들지 않는 쪽으로 이야기의 결론이 나옵니다.

　또 다른 약속으로 제안한 것을 읽어 주었습니다. '좋아하는 사람과 싫어하는 사람을 차별하지 않기'가 있습니다. 이 말에도 동의해 줍니다. 그런데 이 말은 쉬운 말이 아닙니다. 재미나게 놀고 있는데 누가 자기도 끼워 달라고 합니다. 먼저 놀고 있던 친구 중에 그 친구를 싫어하는 아이가 있으면 끼워 주기 힘듭니다. 그래서 인원이 찼다고 하고 끼워 주지 않기도 합니다. 그런데 좋아하는 친구가 끼워 달라고 하면 규칙을 조금 바꾸어 끼워 줍니다. 그러면 안 된다는 것이라 말했더니 의견이 엇갈립니다.

　큰 이야기는 동의하는데 실제에서는 이뤄지기 힘든 약속이 많습니다. 조금 자극을 주고자, "이 약속을 우리가 한다는 것은 산마을의 수준이 그만큼 된다는 것인데 이 약속을 정할까?" 했더니 정해도 된다고 합니다. 그리고 이 말은 "모두 친하게 지내자."라는 말에 포함된다고 덧붙여 주었습니다. 여기서 중요한 말은 '모두'일 것입니다. 모두의 색깔이 다른 것은 당연하지만 그 색깔 그대로 존중해야 내 색깔도 존중받는다는 말과 함께 말입니다.

어제 읽어 준 《파랑이와 노랑이》(레오 리오니, 파랑새어린이) 그림책이 이 말을 풀어내는 데 도움을 주었습니다. 도덕시간에 자신의 빛깔에 맞는 색을 골라 자기가 좋아하는 것, 싫어하는 것, 평소 습관, 자주 하는 말 등 자기의 모든 것을 드러내는 활동을 한 것도 도움이 되었습니다.

그래도 싫은 친구가 있기 마련입니다. '선생님 있잖아요, 전 친해지기 싫은 친구가 한 명이라도 있어요.' 하는 친구는 이름은 말하지 않고 손을 들어 보라고 했더니 '와!' 많이 듭니다. 어른도 그런데 아이들이라고 그렇지 않겠습니까. "어? 이렇게 많아? 그렇다면 역시 모두 친하게 지내자는 약속은 하면 안 되겠다." 했더니 또 "왜요? 이상하다." 합니다. 역시 설명이 필요합니다. "친하고 싶은 사람이랑만 친하게 지내자라고 하는 것이니까."라고 설명해 주었습니다. 겨우 이해합니다.

돌고 돌아 "모두 친하게 지내자."는 약속의 의미로 다시 들어갑니다. 그리고 강조합니다. 여기서 중요한 것은 '모두'라고. 누구에게든 차별하지 않고 대하는 것은 아주 어려운 일이고 수준 높은 약속이라고 말하고 우리가 과연 지킬 수 있을까 하며 다시 질문합니다. 수준을 이야기하며 아이들의 자존심을 약간 건드리면서 말입니다.

다행히 우리 반의 약속으로 정하자는 분위기가 강합니다. 못

박아 두기 위해 "이 말에 동의하지 않는 사람?" 했더니 아주 굳센 표정으로 세 사람 정도 손을 듭니다. '그래도 싫은 아이는 싫은데…….' 하는 표정입니다. 어떻게 할까 하다 "그럼, 너는 너를 친구들이 끼워 주지 않아도, 너를 따돌려도 슬퍼하거나 화내거나 하지 않을 자신 있느냐?" "네가 싫어하는 사람이 있으면 너를 싫어하는 사람이 있을 수 있고, 그 싫어하는 사람이 많아질 수도 있다. 그렇게 되어도 상관하지 않겠냐?" 했더니 손을 내려 줍니다. 한 가지 주제로 돌고 도는 이야기를 하다 보니 나도 지쳤는지 조금 협박에 가까운 말로, 반강제적으로 이해를 받아 냅니다.

자, 그럼 "모두 친하게 지내자."라는 말을 우리 반의 약속으로 정하는 것으로 하고 힘차게 박수치며 마치자 했더니 정말 '우레'와 같은 박수와 함성이 쏟아집니다. 길게 이어지는 이야기에 아이들도 지쳐서 끝내는 박수 소리가 컸을까요? 약속의 의미를 다 함께 크게 느껴 그랬을까요? 아무래도 전자이겠지요. 하기야 여러 시간에 걸쳐 차분히 풀어야 하는데 1시간 정도로 이야기 나눈다고 그동안 쌓였던 감정의 결들이 쉽게 풀릴 수 있겠습니까. 성급하게 풀려고 했던 마음을 조금 더 내려놓고 앞으로 찬찬히 풀고 다져 가야지 싶습니다.

아이들은 언제 행복할까?
—《축구 생각》·《내 꿈은 토끼》

《축구 생각》(김옥, 창비)을 나누었습니다. 머리말에서 작가는 질문을 던집니다. "여러분은 언제 가장 행복한가요?" 그래서 나도 아이들에게 가장 행복할 때를 물어보는 것으로 수업을 열었습니다. 모두 기억나지는 않지만, 축구할 때, 요리할 때, 잠잘 때, 친구랑 놀 때, 집이 조용할 때, 아무것도 할 일이 없을 때, 가족과 여행할 때, 숙제 다 했을 때, 책 읽을 때, 레고 할 때 등 많이도 나옵니다.

소재는 조금 다르겠지만 어른도 마찬가지가 아닐까 합니다. 한 친구는 엄마랑 집에 있을 때라고 말해서 사정을 들어 봤더니 고개가 끄덕여지는 말입니다. 아이가 엄마의 정을 한창 받아야 하는데 사정이 그렇지 못한 집이 있어 서글픈 말이 아닐 수 없습니다.

이어 언제 가장 불행한가도 물어보았습니다. 모두의 이야기를 듣고 싶어서 차례대로 들어 보는데 ○○이는 자기는 손을 들지 않았기에 발표하지 않겠다고 합니다. 그래서 "미안해." 하고 다른 아이들 모두의 이야기를 들었습니다. 드러내기를 꺼려 하는 눈빛의 잔상이 남아 한참을 생각하게 하는 아이입니다.

어? 그런데 예상 외로 엄마 아빠가 싸울 때라고 말하는 친구들이 많습니다. 그래서 "엄마 아빠가 싸우는 소리를 자주 듣거나 직접 본 일이 많은 친구?"라고 물었더니 두세 명 빼고 모두 손을 듭니다. "에이, 설마 그렇게 많이 싸워?" 했더니 눈을 동그랗게 뜨고 엄청 싸운답니다.

아이들 말이라 그 횟수와 정도를 짐작하긴 힘들지만 어른들이 싸우는 모습이 아이들에겐 불행한 시간으로 자리매김 된다는 생각에 우선 저부터 반성하게 됩니다.

어른들이 술 마시는 것도 자기들에게 불행이라고 합니다. 왜 그러냐고 했더니 어른들은 술을 막 마시면서 자기들한테는 음료수도 주지 않거나 조금밖에 주지 않는다고 합니다. 저도 그러는데, 생각보다 이 말에 고개를 끄덕이는 친구가 많습니다. 아빠가 술 먹고 늦게 들어오는 것도 불행하다고 느끼는 친구들이 뒤를 잇습니다.

숙제해야 하는데 졸음이 밀려올 때도 빼놓지 않습니다. 3학년 올라오니 공부할 양이 늘어 힘들겠지요. 어떤 친구는 아침 일찍 일어나 1시간 정도 공부하는 것이 너무 힘들고 불행하다 느낀답니다. 놀라운 말입니다. 아마도 아이가 일찍 잠이 들어 부모님이 고육지책으로 내놓고 아이와 함께한 약속이겠거니 했습니다. 그래도 아이 입장에서는 힘들 수밖에 없는 일입니다.

국어시간에 간추리기를 배우고 있어서 공부에 이어, 간단히 책 내용을 간추려 보는 활동을 했습니다. 이야기를 처음, 가운데, 끝으로 나누고, 가운데 있었던 여러 일들을 함께 정리하는 시간을 가졌습니다.

이어 주인공 성격에 대한 이야기를 나누었습니다. 모둠별로 시간을 주고 각자 써 본 다음 네 가지 정도를 추려 보는 활동입니다.

주인공 성격 분석을 하는 활동입니다. 다분히 느낌 정도가 아니라 충분한 근거를 이야기 속에서 찾아야 합니다. 책을 다시 읽어 가며 열심히도 찾습니다. 종이를 네 칸으로 나눠 서로의 생각을 옮기면서 다른 친구들이 찾은 것이랑 함께 비교도 합니다.

　짧은 시간이었지만 주인공 대용이랑 가장 닮은 우리 반 아이가 누구인지 투표해 보는 시간도 가졌습니다. 다른 아이를 말하는 친구도 있지만 자기를 말하는 친구도 많습니다. 대용이와 어떤 점이 비슷한지 살피는 것보다 재미로 드는 것 같은 느낌도 들었습니다. 열 명 정도가 나왔는데 지우가 대용이랑 가장 닮았다고 합니다. 한 번 꽂히면 끈질기게 그것 생각만 한다며 말입니다.

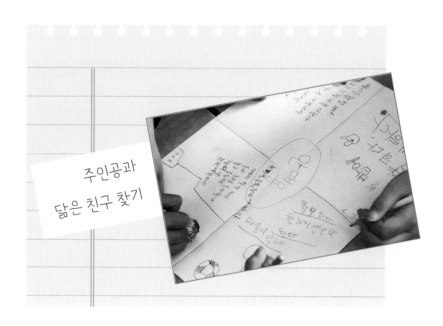

주인공과
닮은 친구 찾기

《내 꿈은 토끼》(임태희, 바람의아이들)에 들어 있는 여러 이야기 중 "어떤 이야기가 마음에 남아 있나요?" 하고 물어보니 단연 〈내 꿈은 토끼〉 이야기에 몰립니다. "거꾸로 말하는 게 웃겨서" "문제집을 냄비에 넣고 끓인 거요." "너무 힘든 이야기인데 웃겨요." 하면서 나름의 감상을 이야기해 줍니다. 스타에게 편지 쓴 이야기도 마음에 닿았나 봅니다. 좋아하는 연예인에게 편지를 써 본 적 있냐는 말에 호영이는 '이승기'라고 말합니다. 답장은 받았냐고 했더니 답장은 못 받았다고 합니다. 동기는 누구인지는 절대 말할 수 없지만 편지도 썼고 답장도 받았답니다. 아이들이 누구냐고 궁금해 하지만 절대 말해 주지 않습니다.

가장 많은 아이들이 좋아한 〈내 꿈은 토끼〉 집중 듣기를 했습니다. 교사가 읽어 주고 아이들은 눈으로 글을 따라가며 읽는 활동입니다. 최대한 실감나게 읽으려고 몇 번씩 연습하고 오는 활동입니다. 좀 힘들기는 하지만 눈으로 읽을 때보다 들으며 함께 다시 읽어 보는 활동을 아이들이 좋아해서 조금씩 하고 있습니다. 웃긴 장면과 나비가 되는 장면에서 아이들이 쏙 빠져드는 느낌을 받습니다.

그러고선 "여러분은 뭐가 가장 힘드나요?" 했더니 너도나도 손을 듭니다. 태헌이가 "이렇게 지루하게 공부하는 거요." 합니다. 좀 씁쓸한 말이지만 "공부가 꼭 흥미진진한 것 아니지." 하며 넘어갑니다. 무엇이 힘드냐는 물음에 피아노, 가야금이 힘들다, 동생과 무슨 일이 생기면 꼭 자기만 혼나 힘들다, 3학년이 되어 할 것이

너무 많아 힘들다, 지금 국어시간에 하고 있는 간추리기 공부가 힘들다 등등 한 사람도 빠지지 않고 전해 줍니다.

아이들 이야기를 모두 듣고 〈내 꿈은 토끼〉와 관련하여 간단한 활동을 했습니다. '내 꿈은 ○○○'으로 자신을 표현해 보자 했습니다. ○○○은 동물로 표현하자고 했습니다. 그 까닭을 함께 적어 달라고도 했습니다. 조용히 하라는 말을 하지 않았는데도 활동이 재밌는지 쑥 빠져 참여합니다.

다람쥐, 새가 나옵니다. 정연이는 특이하게 양파와 고추로 정했습니다. 웃으며 자기의 꿈을 이야기하는 아이들 표정이 맑습니다. 활동을 마무리하며 이야기를 듣는 시간. 사랑받고 싶어 하는 마음, 강하고 싶은 마음, 웃기고 싶은 마음, 빠르고 싶은 마음, 자유롭고 싶은 마음, 다치지 않고자 하는 마음들이 읽힙니다.

8장

온작품읽기로 수업하기 2

김강수

교실에서 피어나는 이야기꽃

6학년을 맡을 때였습니다. 온작품읽기 수업을 하고 나서 생각날 때마다 글을 썼습니다. 아이들과 나누면서 느낀 것을 놓치고 싶지 않아서입니다. 그때 썼던 글을 모아서 여기에 싣습니다.

티끌처럼 작은 이야기이고, 허술하기 짝이 없는 글입니다. 그래도 처음 온작품읽기를 하는 선생님에게는 힘을 줄 수 있을 것 같았습니다. 온작품읽기를 하면서 답답하거나 힘에 부칠 때 '이렇게 마음대로 할 수도 있네.' 하고 생각해 주면 바랄 것이 없습니다.

처음 6학년을 맡아서 온작품읽기를 할 때 어떻게 할 것인지 생각이 많았습니다. 저학년과 할 때처럼 주제 수업으로 가면 어떨까

172

생각도 해 보고, 온전히 읽고 쓰기에 빠져 볼까 생각도 했지요. 아이들에게 물어보기로 했습니다. 아이들은 책을 읽고 나서 이야기를 나누자고 했습니다. 저도 그게 가장 좋을 것 같았습니다.

아이들과 이야기판을 펴기로 하고 나서 어떻게 하면 좋을까 생각을 했습니다. 그러다가 고등학교 시절 독서토론모임에서 했던 방식을 따르기로 했습니다. 제가 들어갈 때 햇수로 20년이 다 되어 가던 모임이었습니다. 20년 동안 나눈 방식이라면 따라 해도 괜찮을 것 같았지요.

일주일 동안 책을 읽고 와서 돌아가며 이야깃거리를 내어놓습니다. 아무 이야기나 상관없고, 질문도 상관이 없습니다. 그저 함께 이야기를 나눈다는 것이 좋은 자리였습니다.

저와 동무들은 매주 모여서 이야기를 나누었습니다. 돌아가며 사회자를 맡아서 시간을 맞추거나 말수가 적은 아이에게 이야기해 보라고 북돋기도 했습니다. 어떤 날은 이야기가 산으로 갈 때도 있었지만 어떤 날은 좋은 책을 나누었다는 생각에 뿌듯해지기도 했습니다.

돌아오는 길에 찐빵이나 떡볶이 같은 것을 나눠 먹으며 못 다한 이야기도 나누었습니다. 우리 반 아이들도 그렇게 6학년 시절을 보내면 좋겠다는 생각을 했습니다.

삶에는 늘 이야기가 따라붙습니다. 살아가면서 겪은 것들이 모두 이야기고, 거기서 느낀 것들, 생각한 것들이 모두 이야기가 될 수 있으니까요. 책을 읽는다는 것도 겪는 일이고, 삶을 살아가는 일이라면 거기서도 저절로 이야기가 피어나지 않을까 싶었습니다.

책을 읽고 이야기하는 것을 독서토론이라고 합니다. 그렇게 부르고 나면 책을 읽고 싸우는 것처럼 되어서 그 이름이 싫었습니다. 그냥 이야기꽃을 피운다고 하면 더 좋지 않을까 싶었지요.

아이들 마음이, 나누는 이야기가 꽃이 될 수 있다면 참 좋겠다 싶었습니다. 교실에서 수업을 하며 이야기꽃이 피어난다면 그대로 참 좋을 것 같았습니다.

6학년과 함께
온작품읽기

사랑은 먹을 수 없잖아요
—《청소년 백과사전》

오늘 온작품읽기 수업인 '함께 읽어요' 첫 토론을 했습니다. 김옥 선생님의 《청소년 백과사전》(김옥, 낮은산)입니다. 단편집인데 표제작인 〈청소녀 백과사전〉으로만 이야기를 나누었습니다.

> 내 나이 올해로 열세 살, 먹을 만큼 먹었다. 마침내 나도 사춘기에 접어든 청소년, 아니 청소녀가 된 것이다!
>
> ─《청소녀 백과사전》

첫 문장이 무척 마음에 들었지요. 그렇구나. 열세 살이면 아이인 줄 알았는데, 그렇게 말할 수도 있어서 놀라웠습니다. 우리 반 아이들도 이 문장이 마음에 든다고 했습니다. 이제는 더 이상 애들이 아니라면서요.

돌아가면서 이야깃거리를 말했습니다. 인상 깊었던 장면이나 문장, 궁금한 것이나 나누고 싶은 것들입니다. 아무 거나 말해 보라고 했는데 자신 있게 나서지 않았습니다. 머뭇거리며 좀체 입을 떼지 않는 아이들에게 용기를 주고 싶었습니다. 무엇이든 괜찮다고 했시요. 이야깃거리는 따로 성해지지도 않았고, 그저 내가 하고 싶은 이야기라고 했습니다. 누구든지 처음 말을 꺼낼 때 "너 이것 아니?" "너 그것 들어 봤니?" 하는데, 그런 것들을 말하면 좋겠다고 했습니다.

"동무들이 꺼낸 것으로 이야기를 나누고 싶지 않으면 그만하면 되고, 다른 것으로 이야기 나누면 된다. 이야기판은 살아 있다. 한 사람이 억지로 끌고 가려고 해도 그 길로 갈 수 없고, 모두가 가고자 하는 길로 가게 되어 있다. 가벼워 보이는 이야깃거리가 한없이 무거워질 수 있고, 얼핏 지나칠 수 있는 것도 서로 이야기를 나누다 보면 오래 머물게 된다. 이야깃거리는 입에서 나가면 이미 자기 혼자만의 것이 아니기 때문에 그것으로 이야기가 잘 풀리든 풀리지 않든 마음을 쓰지 마라. 그냥 다른 아이들에게 맡겨 두면 된다."

저는 아이들이 꺼내 놓은 이야깃거리를 칠판 위에 받아 적고 아이들도 공책에 적었습니다. 한 사람이 말하고 모두가 받아쓰고, 또 그 옆 사람이 말하고 모두가 받아쓰는 방식이었습니다.

먼저 책 제목을 가장 위에 쓰고 작가 이름을 씁니다. 작가의 다른 작품이 뭐가 있나 살펴보기도 하고, 어떤 느낌인지 이야기도 나눕니다. 두 번째로, 나오는 인물 이야기를 합니다. 아이들이 중요하다고 생각하는 인물을 불러 주면 내가 칠판에 씁니다. 사람들 이름을 써 놓고 나면 나중에 이야기 나누기가 쉽습니다.

세 번째로, 아이들이 꺼내 놓은 이야깃거리를 씁니다. 누가 어떤 이야깃거리를 내놓았는지 이름도 써 놓습니다. 다 쓰고 나서 비슷한 것은 묶어서 이야기를 풀어 가기도 합니다. 이야기를 나누고 난 뒤 맨 마지막에 '내 생각 읽기'를 합니다. 2시간 동안 나누면서 떠오른 생각을 한두 줄로 씁니다. 저는 그 글을 보면서 아이의 생각을 읽습니다. 그리고 내 생각을 다시 써 줍니다. 이야기는 끝나지 않고 이어집니다.

　이야깃거리가 너무 많아서 2시간 동안 다 할 수 있을지 걱정이 되었지만 하는 데까지 해 보자 싶었습니다. 이야기판이 재미있으면 계속하고, 재미없으면 짧게 끝내도 괜찮을 것 같았습니다. 이야기판은 그래야 할 것 같았습니다. 아이들과 책으로 이야기 나누는 것은 재미있었습니다. 아이들이 이야기를 하면 내가 다시 되물어서 뜻을 분명하게 할 때도 있었고, 아이들에게서 생각지도 못했던 말이 튀어나와서 깜짝 놀라기도 했습니다.

　2번 문제를 이야기할 때였습니다. 래영이에게 다시 한 번 질문의 뜻을 물었습니다. 젓가락 과자(작가는 빼빼로데이에 있었던 일을 소재로 썼습니다. 젓가락과자는 빼빼로를 말하는 것 같습니다.)를 준 것만 이야기하는 것인지 아니면 사랑하는 사람에게 뭔가를 주는 것인지 물었더니, 래영이는 두 번째라고 했습니다.

　왜 사람들은 사랑하는 사람에게 사랑을 고백할 때 꽃을 주거나 반지를 주거나 옷을 주거나 먹을 것을 주는지 모르겠다고 했습니다. 잘 보이려고 그렇다는 아이도 있고, 그래야 상대방이 좋아해 주지 않겠냐고 말하는 아이도 있었습니다. 저도 그럴듯하다며 듣고 있는데, 준이가 다른 이야기를 했습니다.

　"선생님, 사랑은 먹을 수가 없잖아요?"

"뭐, 그래서?"

"사랑은 먹을 수가 없으니까 젓가락 과자에 사랑을 담아서 주면 사랑을 먹을 수 있잖아요."

정신이 번쩍 들었습니다.

"그러니까 니 말은 사람들이 반지를 주는 건 사랑을 낄 수가 없으니까 반지에 사랑을 담아서 주는 것이고, 옷을 주는 건 내 사랑을 입으라는 말이냐?"

"예!"

대답하는 준이 녀석을 보는데, 이 녀석이 제자로 보이지 않고 선생으로 보였지요. 저는 한 번도 그렇게 생각해 보지 않았거든요. 사랑하는 사람에게 선물을 주는 까닭을 깊이 생각해 본 적도 없었는데 준이는 내가 깨닫지 못한 새로운 세상을 열어 주었습니다. 앞으로는 누군가에게 선물을 줄 때마다 준이의 말이 생각날 것 같았습니다.

이야기판이 끝나고 글쓰기를 했습니다. 두 줄 정도 짧게 쓰라고 했는데 아이들이 진지하게 써 주었습니다. 아이들은 사랑에 대해, 고백에 대해, 용기에 대해, 어른이 된다는 것에 대해, 삶에 대해 썼습니다. 나는 그 글을 읽고 내 느낌을 있는 그대로 써 주었지요.

6학년 첫 책으로 김옥 선생님의 《청소녀 백과사전》을 정한 건 잘한 것 같았습니다. 아이들과 사람을 사랑하는 일에 대해 나눌 수 있었으니까요. 덕분에 나도 누군가를 사랑한다는 것이 무엇인지 생각해 볼 수 있었습니다.

운칠기삼의 세상을 살아가며
─《짜장면 불어요!》

오늘은 작가 이현의 《짜장면 불어요!》(이현, 창비)로 이야기를 나누었습니다. 이현 작가는 소설을 쓰다가 아이들 글을 쓴 분이라서 그런지, 아이들의 삶을 있는 그대로 그리기보다 누군가를 가르치려고 한다는 느낌이었지요. 그래서 이 책을 읽고 나서 재미없다고 말하는 아이들이 있었습니다.

이야기책은 그렇습니다. 무엇을 가르치려 하면 삶의 재미를 놓치게 됩니다. 작가가 그리는 세상이나 말하려는 뜻이 나쁘지는 않았지만 저에게는 그게 아쉬웠습니다. 이야기판을 펼치기 전에 이현 작가를 소개했습니다.

"오늘 이야기는 작가의 생각이 너무 날것으로 들어가 있지만 우리가 한 번 곱씹어 볼 이야기라고 생각한다. 오늘은 작가가 말하고 싶어 하는 것이 무엇인지 한 번 들여다보자."

아이들이 이야깃거리를 내어놓기 시작했습니다.

---

1. 선의의 거짓말은 좋은가? 래영
2. 기삼이의 짜장면 철학은 무엇인가? 유정
3. 짜장면 배달하면 연예인 만날 수 있나? 준하

---

4. 제목을 이렇게 지은 까닭은? 민주

5. 왜 황금반점인가? 상보

6. 기삼이는 왜 그렇게 꾸미고 다니나? 동현

7. 마지막 말은 왜 그렇게 했나? 승민

8. 운칠기삼은 진짜인가? 선민

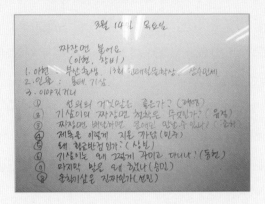

이야깃거리를 꺼내 놓는데 벌써 웃음꽃이 피었습니다. '짜장면 배달하면 연예인을 만날 수 있나?'라는 물음도, 왜 가게 이름이 '황금반점'인지 물어보는 것도 왠지 장난 같았기 때문입니다. 아이들이 웃을 때는 나도 따라 웃고 아이들이 머뭇머뭇 진지하게 말할 때는 나도 진지하게 받아썼지요. 이야기판의 주인공은 아이들이고, 그 아이들이 판의 분위기를 만들어 가는 것이었습니다.

질문이 웃겨서 그랬는지 아이들은 자유롭게 조잘거립니다. 그러다가 작가가 말하고 싶은 것을 찾아 나서기 시작했습니다. 승민이와 민주, 사회의 현실에 대해 이야기를 하고 싶어 했던 선민, 유정의 질문에서 우리는 오래 머물렀습니다.

옷차림 이야기를 했지요. '양아치 같다.' '깡패 같다.' '날라리 같다.'라는 이야기가 나왔고, '잘난 척하려고' '멋져 보이려고' '튀어 보이려고' 그랬다는 이야기도 많았습니다. 그러다가 누가 자기만의 스타일 때문이라고 말했습니다. 그렇게 말하고 나니까 이야기가 더 이상 이어지지 않았지요. 다들 그렇구나 생각을 했던 것 같습니다.

여럿이 이야기를 하다 보면 누군가 새로운 길에 대해 말할 때가 있습니다. 그 자리에서 아무도 미리 말하지 않지만, 새 길을 말한 사람이 그 자리의 스승이 될 때가 있습니다. 우리 반 이야기판도 그랬던 것 같습니다. 고만고만한 이야기가 쏟아지다가 어느 순간 뚝 멈출 때가 있는데 그때 우리는 다른 이야기로 넘어갈 수가 있었습니다.

책에 나오는 '운칠기삼'을 이야기했습니다. '정말 우리 사회가 운칠기삼의 사회인가?' 물었던 것입니다. 부자인 부모를 만나면 행복하게 살고, 가난한 부모를 만나면 불행하게 사는지 이야기를 했습니다. 아이들은 자기만 잘하면 된다고도 했고, 환경이 어떻든 공부를 열심히 하면 좋아질 것이라고 말했지만 목소리에 힘이 없었습니다. 선민이만 끊임없이 근거를 대며 아니라고 말했습니다. 선민이의 끈기에 진 것인지 우리는 모두 동의할 수밖에 없었습니다.

진짜 우리 사회는 운칠기삼의 사회라고 고개를 끄덕였습니다.

좋다, 그런 사회라고 치고 기삼이는 어떻게 살아가고 싶은 건지 이야기를 나누었습니다. 한참을 이런저런 이야기가 이어지다가 유정이가 말했지요.

"기삼이는 자부심을 가지며 살고 싶은 것 같아요. 공부를 잘하는 것보다는 자기가 지금 하고 있는 일…… 짜장면 배달하는 일에…… 자부심을 가지고 행복하게 살고 싶어 합니다."

유정이 입에서 자부심이라는 말이 나왔을 때 모두들 '아! 저것이었구나.' 생각했던 것 같습니다. 어눌한 목소리로 유정이가 제 이야기를 모두 마쳤을 때 동무들이 손뼉을 쳐 주었습니다. 저는 유정이가 모두에게 길을 보여 주었다며 말했습니다.

"그래, 기삼이는 운칠기삼의 이 사회에서 기죽지 않고 살아가고 싶은 거야. 부잣집 아이들에게, 공부 잘하는 아이들에게 주눅 들지 않고, 누가 뭐라고 하건 자기 방식대로 살고 싶은 거지."

준하가 또 한 마디 덧붙입니다.

"기삼이는 진짜 중요한 사람이에요. 짜장면을 배달하는 사람이 없으면 우리가 어떻게 맛있는 짜장면을 먹을 수 있겠어요. 주방장은 짜장면 만들기 바쁘고, 주인은 가게 지키기 바쁜데, 기삼이가 없으면 어떻게 배달이 되겠어요."

준하 말도 맞습니다. 모든 사람은 중요하니까요. 양복 입고, 월급 많이 받는 사람이 훌륭한 것이 아니고 남에게 도움을 주는 모든 사람이 훌륭한 사람입니다. 그걸 알아봐 준 준하도 훌륭했습니다.

종이 쳐서 수업을 마쳤습니다. 2시간 블록수업으로는 시간이 부족했지요. 무언가 모자란 듯싶었지만 이야기 끝이 뿌듯했습니다. 그저 이야기를 나누었을 뿐인데 내가 하는 수업보다 얻는 것이 많았던 것 같습니다. 법관이 되어 판결을 하고, 정치를 하는 일도 중요하지만 짜장면이 붇지 않게 배달을 하는 일도 중요합니다. 그러니 '운칠기삼의 사회야, 길을 비켜라!' 하고 작가 이현이 말하고 싶었던 게 아닐까 싶습니다.

온작품읽기 수업

누군가의 냄새를 추억하다
─《너만의 냄새》

안미란 작가가 쓴 《너만의 냄새》(안미란, 사계절)를 읽었습니다. 짧은 글이었지만 느낌이 좋았지요. 이야깃거리가 많지 않았던 것 같기는 합니다. 아이들은 뭘 어떻게 이야기할지 모르겠다고 했지요. 그래서 한마디 해 줬습니다.

"얘들아, 이야기는 그저 이야기일 뿐이다."

이야기 속에서 무언가를 가르치려고 하거나 이야기 말고 다른 것을 주장하고 싶을 수 있지만, 그런 내용은 오래 가지 않는 것 같습니다. 아이들에게 이야기는 그저 이야기이고, 듣거나 읽는 사람들은 그냥 느끼면 되는 거라고 해 주었습니다. 안미란 작가는 그런 의미에서 제대로 된 이야기꾼이라고 덧붙였지요.

아이들에게 기억에 남는 장면을 물었습니다. 쥐돌이가 왜 얼룩고양이를 떠났는지 모르겠다고 했습니다. 아이들은 그 장면에서 아쉬움을 느끼는 것 같았지요. 어떤 아이들은 쓸쓸하다고 했습니다. 그렇습니다. 헤어지고 나면 그리움과 쓸쓸함이 남습니다. 어른들도 누군가와 헤어지는 것이 싫지만, 더 예민하게 느끼는 아이들은 헤어지는 것을 불안해 합니다. 누군가 떠나고 나서 홀로 남을지 모른다고 불안을 느낍니다. 매일 티격태격 싸우고, 소리 지르고, 삐치고 화해하고 또 싸우지만 가족들과 헤어질까 봐 불안합니다.

얼룩고양이와 쥐돌이는 천적이기 때문에 같이 살 수 없다는 이야기가 나옵니다. "그래도 서로 믿고 살면 되잖아요." "서로 마음을 알고 있잖아요." 아이들이 막 따집니다. 작가가 왜 그렇게 썼는지 말해 주어야 할 것 같았습니다. 아이들에게 헤어짐은 불안하고 낯섭니다.

"너희도 날이 갈수록 자랄 것이고, 언젠가는 부모님 곁을 떠날 때가 있을 것이다. 늘 그리워하고, 보고 싶을 수 있겠지만, 그래도 같이 살지는 않을 것이다. 부모님과 너희 사이가 얼룩고양이와 쥐돌이 사이일 수 있어."

그러니 헤어지고 난 뒤 어떻게 쓸쓸함을 견딜지 생각해 보라고 했습니다. 안미란 작가는 기억에 대한 이야기를 합니다. 기억 때문에 쓸쓸하고 외롭지만, 동시에 기억의 힘으로 사람들은 살아갑니다. 냄새, 모양, 촉감 같은 것들…… 그렇게 몸으로 들어온 느낌

이야말로 가장 오래 남을지도 모릅니다. 작가는 아이들에게 '냄새' 이야기를 들려주었습니다. 쥐돌이가 얼룩고양이 품에 들어갔을 때 맡았던 냄새, 따스하고 포근한…… 편안히 잠들 수 있었던 그런 냄새 말입니다. 그 냄새의 기억은 오래 갈 것입니다.

아이들도 언젠가는 헤어짐을 겪겠지요. 헤어짐은 슬프고 쓸쓸한 일입니다. 살다가 문득 누군가 그리워질 때가 있겠지요. 아이들이 그런 것들을 순순히 받아들이고 살아갈 수 있도록 '너만의 냄새'를 가지면 좋겠습니다. 그게 이 책을 정한 까닭입니다.

<온작품읽기 수업>

마음을 울리는 글귀
─《만국기 소년》

지난번에 유은실 작가의 《만국기 소년》(유은실, 창비)을 함께 읽었습니다. 단편을 하나하나 읽어 나가다가 목요일에는 〈보리 방구 조수택〉으로 이야기를 했습니다. 〈보리 방구 조수택〉에는 어릴 적 부끄러웠던 내 모습이 들어 있었습니다. 가끔씩 그때 일이 가시처럼 걸리곤 했었지요. 내가 가르치는 아이들은 그러지 않으면 좋겠다 싶어서 이 이야기를 했습니다.

이야기하기 전날 온작품읽기로 교사 회의가 있었습니다. 그 자리에서 5학년 김여주 선생님이 말한 것이 남았습니다. 이야기를 나누는 것보다 기억에 남는 글귀를 큰 소리로 읽어 보니 좋았다고 했습니다. 작품 속에 더 빠져드는 것 같다면서, 다른 친구의 목소리 울림이 듣기 좋았다고 했었지요. 유은실 작가는 가만히 혼잣말 같이 쓴 것이 많아서, 그렇게 읽어 보는 것도 나쁘지 않을 것 같았습니다.

아이들에게 마음에 닿은 글귀를 찾아서 읽어 보고, 왜 그랬는지 이야기를 해 보라고 했습니다. 아이들이 몇 문장을 찾아서 읽고 왜 읽었는지 이야기를 하면, 다시 내가 되묻거나 그 아이가 한 말에 맞장구를 쳐 주었습니다.

어떤 장면에서는 읽는 아이의 목소리가 떨릴 때도 있었습니다. 어쩌면 작품 속 인물들의 어지러운 마음이 느껴졌을 수도 있었겠지요. 다른 아이들도 그런 마음이었는지, 모든 아이가 글을 읽고 이야기하는 것을 조용히 들어 주었습니다. 수업시간에 아이들이 고른 글귀들은 자주 내 마음을 아프게 했습니다.

> 점심시간이 되면 아이들은 보온 도시락에서 따뜻한 밥을 꺼내 먹었어. 우리 반에서 보온 도시락이 없는 사람은 수택이뿐이었지. 수택이는 고개를 숙이고 차갑게 식은 양은 도시락을 열었어. 그러고는 풀풀 날리는 보리밥을 꺼내 먹었지. 반찬도 고춧가루가 군데군데 묻어 있는 허연 깍두기 한 가지뿐이었어. 다른 애들은 삼삼오오 모여 앉아서 밥을 먹었어. 서로 반찬도 바꿔 먹고 말이야. 하지만 수택이는 늘 혼자였어.
>
> – 《만국기 소년》 중 〈보리 방구 조수택〉

왜 이 구절을 골랐냐고 물었더니 승민이는 혼자 밥을 먹으면 쓸쓸하고 외롭다는 말을 했습니다. 겪지 못한 사람이면 느끼기 어려울지도 모릅니다. 하지만 승민이 이야기를 들으면서 잊고 있었던 기억이 떠올랐습니다. 조수택의 아픔이 승민이의 아픔으로 되었다가 다시 내게 와서 나를 아프게 했습니다.

처음 선생님이 되어서 경기도에 올라왔을 때입니다. 제게는 함께 밥을 먹을 사람이 아무도 없었습니다. 매일 혼자서 아침을 먹고 학교에 갔다가 다시 돌아와 저녁밥을 먹었지요. 아무렇지도 않았는데 첫 월급을 탔을 때였습니다. 월급날이라 좋아하는 피자를 시켜서 먹었습니다. 혼자서 피자 한 판을 다 먹을 수는 없었지요. 배가 불렀지만 남기지 말아야지 싶어 억지로 먹는데 갑자기 눈물이 쏟아졌습니다. 울면서 혼자 피자 한 판을 다 먹은 기억이 났습니다. 그때 왜 그렇게 울었는지……. 승민이의 이야기를 듣다 보니 그때 일이 생각나서 아팠습니다.

승민이도 혼자 밥을 먹었던 일을 이야기했습니다. 그저 혼자 먹는 것뿐인데 쓸쓸했다고 이야기했습니다. 승민이가 왜 그렇게 느꼈는지 짐작되는 일이 있어서 나도 마음이 아팠습니다. 승민이는 발표를 잘 하는 아이가 아닙니다. 사진 찍히는 것도 무지 싫어해서 졸업앨범에 들어갈 사진을 찍을 때도 모자를 푹 눌러쓰거나 고개를 돌렸지요. 주말 이야기를 할 때나 매일 책 읽기를 할 때도 불안해 보였습니다. 사람들 앞에서 말하는 것이 서툴거나 누군가로부터 주목받는 게 부담스러운 모양이었습니다.

그런 승민이가 자기가 찾은 구절을 읽고 또 자기 이야기를 해 주어서 고마웠습니다. 그날도 여전히 눈을 잘 못 맞추긴 했지만 자기가 하고 싶은 이야기는 다 했다는 생각을 했습니다. 그것으로 우리는 마음을 나눌 수 있었으니까요.

세상의 모든 아버지를 떠올리다
—《나비를 잡는 아버지》

현덕 선생님 책을 좋아합니다. 노마와 기동이의 이야기를 읽을 때는 어떻게 이렇게 쓸 수가 있나 놀라웠던 기억이 있습니다. 6학년 아이들과《나비를 잡는 아버지》(현덕, 휴머니스트)를 함께 읽을 수 있어서 그것도 참 좋았습니다.

책을 읽고 나서 서평을 쓰려고 했습니다. 다른 사람이 쓴 서평도 미리 읽어 오게 할 생각이었는데, 깜빡 잊고서 아침에야 복사를 해 주었습니다. 아이들과 함께 나눠 읽고 나서 우리도 이 사람들처럼 책을 읽고 짧은 글을 쓸 테니, 이야기 나누면서 어떻게 쓸지 생각해 보라고 말했습니다.

이야기 나누기 전에 작가와 작품에 대한 소개를 해 주었습니다. 작가가 월북했다는 것, 그동안 많은 사람에게 소개되지 못했다는 것, 사람의 마음을 잘 표현했다는 것도 말해 주었습니다. 이 이야기도 인물의 마음속이 잘 드러나는데, 아버지가 나비를 잡는 마지

188

막 장면이 되면 마음이 무거워지고 눈물이 나려 한다는 말도 덧붙였습니다.

이어서 아이들이 미리 생각해 온 이야깃거리를 말했습니다. '왜 아버지가 나비를 잡았을까?' '경환이는 왜 나비를 잡았을까?' '경환이와 바우의 관계는 어떠한지 알아보자.'라는 이야기가 나왔습니다. 아이들과 함께 이야깃거리를 하나하나 풀어 가 보기로 했습니다.

먼저 경환이와 바우의 관계를 알아보았습니다. 무엇이든 괜찮으니까 이야기를 해 보라고 했습니다. 제가 먼저 '바우는 가난하고, 경환이는 부자'라고 했더니 아이들도 내 말을 따라 했습니다.

"바우는 소작인의 아들이고, 경환이는 마름의 아들입니다."

"바우는 초등학교만 나왔고, 경환이는 중학교를 다닙니다."

"바우는 경환이보다 공부를 잘했습니다."

"바우는 그림을 그리고, 경환이는 나비를 잡습니다."

"바우는 경환이를 부러워하면서 업신여기고, 경환이는 바우를 만만하게 봅니다."

경환이와 바우가 아이들과 또래라서 쉽게 이야기할 수 있는 분위기가 되었지요. 바우가 경환이를 왜 업신여긴다고 생각했는지 물었더니 준이가 대답했습니다.

"경환이는 아버지를 잘 만나서 그렇지, 바우보다 못하기 때문에 바우는 경환이를 업신여기는 것 같아요."

준이의 말처럼 유행가를 부르거나 나비를 잡을 때도, 또 손에 있는 나비를 놓아주는 순간에도 바우는 경환이를 업신여기고 있습니다. 못마땅한 것이지요. 바우는 자존심이 센 아이라는 것을 알 수 있습니다. 아이들도 그런 것 같다고 말했지요.

바우가 그림을 그린 까닭에 대해서도 이야기를 했습니다. 민주는 바우가 나중에 화가가 되고 싶어서 그렇다고 했고, 유정이는 바우가 중학교에 가지 못한 것 때문에 그런 것 같다고 했고, 재호는 그림 그리는 것이 공부이기 때문이라고 했습니다. 혼자서는 정리가 되지 않지만, 한 명 한 명의 생각을 모아 놓으니 실마리를 찾을 수 있겠다고 칭찬해 주었지요.

바우는 돈도 되지 않고, 아무런 현실적인 쓸모가 없는 그림을 그립니다. 바우에게는 남의 땅에 소작을 붙이는 아버지 같은 사람이 되기보다는 공부를 하거나 화가가 되고 싶은 마음이 있다는 것을 추측해 볼 수 있습니다. 그림을 포함해서 모든 예술은 먹는 문제를 벗어났을 때 가능한 것이고, 바우는 먹는 문제를 벗어나고 싶습니다.

아버지가 나비를 잡은 까닭에 대해 이야기했습니다. 여러 가지 말들이 오고 갔습니다. '바우가 고집이 세서 안 잡을 것 같아서' '농토를 떼이지 않기 위해서' '자기라도 살아 보려고 그런다.'라는 말이 오고 가더니, 재호가 한마디 했습니다. 잘 기억이 나지 않지만 이런 내용이지 않았나 싶습니다.

"바우 아버지는 바우가 나비를 잡아서 경환이에게 빌면, 경환이가 더 만만하게 볼 것 같아서, 그게 싫어서 자기가 간 게 아닐까요."

그렇습니다. 거칠게 말했지만 재호가 제대로 본 것 같았습니다. 생각해 보면 세상의 모든 아버지가 다 그럴 것 같습니다. 자기는 남에게 머리를 굽히지만 자식은 그러지 않기를 바라고, 자기는 굶더라도 자식은 그러지 않기를 바라고, 자기는 꿈을 접더라도 자식은 그러지 않기를 바랍니다. 좋지 않은 일, 하기 싫은 일은 자기가 하고, 아들은 어려움 없이 살아가기를 바랍니다.

책을 읽고 이야기를 나누면서 아이들은 다들 자기 아버지를 떠올렸을 것입니다. 저도 아이들과 이야기를 나누면서 여러 번 내 아버지 이야기를 했지요. 아버지의 마음을 안다는 것은 안타까운 일입니다. 왜 그때 그렇게밖에 살지 못했는지 답답하고 속이 상하지만 알고 보면 다 나 때문이라는 것을 알게 됩니다. 재호 때문에 모두들 아버지의 마음을 알아챌 수 있었습니다.

이야기를 마치고 돌아가면서 한마디씩 말했습니다. 눈물이 날 것 같다고 말하는 아이도 있고, 아버지를 떠올리게 되었다고 말하는 아이도 있었습니다. 그냥 책만 읽고 말았다면 느끼지 못했을지도 모릅니다. 이야기를 나누면서 깨닫게 된 것이지요. 그 깨달음이 우리가 함께 읽으면서 나누는 까닭인 것 같습니다.

온작품읽기 수업

속마음 들여다보기
―《너는 나의 달콤한 □□》

《너는 나의 달콤한 □□》를 읽었습니다. 아이들과 처음 읽는 장편이라서 2주에 걸쳐 조금씩 읽어 나갔습니다. 책이 양쪽에서 시작하는데 한쪽은 남자아이의 입장에서 쓴 것이고 한쪽은 여자아이의 입장에서 쓴 것입니다. 두 사람이 쓴 일기를 한꺼번에 읽는 것처럼 느껴집니다. 어떤 때는 두 가지 이야기가 겹치기도 하고, 어떤 때는 상대편 아이의 이야기에는 나오지 않는 전혀 새로운 이야기가 나오기도 합니다. 재미있는 형식입니다.

가끔 소설에서는 이런 방식을 본 적이 있었는데, 아이를 대상으로 하는 이야기글에서도 만나게 되니 반가웠습니다. 하루는 남자아이의 글을 조금 읽고, 다음 날은 여자아이의 글을 조금씩 읽어 나갔습니다. 감질 맛이 났지만, 이렇게 해야 책을 더 재미있게 읽을 수 있겠다고 생각했지요.

다 읽고 나서 2시간 동안 이야기를 나누었습니다. 늘 그렇게 했지만 이번에는 조금 달랐습니다. 그날이 공개수업 날이라 우리 학교 선생님들 몇 분이 교실 뒤쪽에 자리를 잡고 앉아 있었기 때문입니다. 2시간을 공개하는 것이라 못 오시는 선생님들을 위해 카메라도 한 대 설치를 했습니다. 아이들은 선생님들보다 카메라를 보더니 긴장한 것 같았습니다.

늘 그랬듯이 작가에 대해 알아보고, 책의 특징을 간단하게 살펴보고, 인물 이야기를 하다가 이야깃거리를 말했습니다. 평소에는 모든 아이들이 돌아가면서 궁금한 것이나 인상 깊었던 것을 이야기했는데, 이날은 두 바퀴를 돌았는데도 끝까지 말을 하지 않는 아이도 있었습니다. 특별한 날이라 그런 것 같았습니다.

아이들이 이야깃거리를 꺼냈습니다. '지혜 부모님은 왜 그렇게 살면서도 이혼을 하지 않았나?' '지혜 엄마는 왜 댄스 강사가 되었나?'처럼 부모님과 아이와의 관계, 엄마와 아빠의 관계에 집중하는 물음이 있었고, 한편으로는 '일진이는 왜 자리를 바꾸었나?' '일진이는 바람을 피웠나?'같이 일진이와 지혜, 채연이의 사랑에 관한 이야깃거리가 나왔습니다.

그리고 욕을 잘하는 지혜가 도마에 올랐지요. 지혜가 했던 욕을 다시 한 번 찾아보았습니다. 아이들이 찾은 대목을 실감나게 읽어 보라고 했지요. 아이들은 쑥스러워 하면서 욕이 나오는 대목을 읽었습니다. 사람들 앞에서 욕을 하기란 어렵습니다.

언제 욕을 하게 되는지 물었습니다. 이런저런 이야기가 나왔습니다. 다 들어 보니 욕은 마음에 응어리가 졌을 때 한다는 것을 알게 되었습니다. 어른도 아이들도 욕을 합니다. 말로 풀어낼 수 없는 어떤 것이 마음속에 들어왔을 때 욕을 합니다. 어떤 어른들은 그걸 술로 풀어내기도 하고 노래로 풀어내기도 하지만, 그렇지 못한 사람들은 결국 욕으로 풀어낼 수밖에 없습니다.

지혜가 왜 욕을 했을까 물었더니, 자기 마음을 드러내는 방법을 알지 못하기 때문이라고 누군가 대답했습니다. 정말 그렇다는 생각이 들었지요. 책 속에서 지혜는 똑똑하고 깊이 있는 생각을 하지만, 결국 자기의 마음을 나누는 방법을 배워 보지 못했습니다. 어쩌면 많은 아이들이 그래서 욕을 하는지 모르겠다는 생각이 들었습니다. 이야기를 나누다 보면 아이들에게 배울 때가 많습니다.

서로에게 왜 끌렸는지도 이야기했습니다. 사랑 이야기입니다.

한참 이야기를 하다가 한 아이가 어쩌면 그 아이들의 엄마 아빠에게 느끼지 못한 것을 서로에게 느꼈을지도 모르겠다고 했습니다. 지혜는 엄마 아빠에게 느끼지 못한 다정함을 일진이에게서 느꼈다고 했습니다. 일진이는 처음으로 자기에게 손을 내밀어 준 아이였지요. 어떤 아이들은 지혜도, 일진이도 부모님들 사이의 관계 때문에 힘들어 하는 공통점을 갖고 있어서 서로 좋아하게 되었다고 말했습니다. 부부 싸움과 이혼 같은 것 말입니다. 일진이도 지혜도 말은 않지만, 서로 알아보았다고 했습니다. 안미란 작가의 책에 외로운 사람은 외로운 사람을 알아본다는 말이 있었습니다. 지혜와 일진이도 서로 알아보았을 거라고 했습니다. 그럴 것 같았습니다. 외로우니까 알아보았겠지요.

아이들은 지혜 어머니 이야기를 많이 했습니다. 지혜 어머니의 꿈과 삶에 대한 이야기입니다. 지혜 어머니가 댄스 강사가 된 까닭을 말해 보라고 했더니 첫 이야기가 살을 빼기 위해서라고 해서 다들 웃었지요. 그런데 어떤 아이가 꿈을 이루기 위해서라고 했습니다. 동현이는 가정에서 벗어나기 위해서라고 했습니다. 요즘 동현이 어머니께서도 가정에서 벗어나 바깥에서 가게를 하나 시작하셨는데 어머니를 보면서 그런 느낌을 받았는지도 모르겠습니다.

지혜 어머니는 술을 마시고 매번 아빠에게 싸움을 걸고 지혜를 때립니다. 지혜 어머니는 남편도 싫고 자식도 싫고 지금 사는 삶 자체가 싫습니다. 거기서 벗어나고 싶습니다. 그러다 댄스 강사가 되었습니다. 동현이가 말한 대로입니다. 유정이가 물었습니다.

"그러면서도 왜 이혼을 하지 않지요?"

하루하루가 정말 힘들 텐데 왜 일진이 부모님처럼 따로 살지 않느냐는 것입니다. 그러게 말입니다. 내가 생각에도 뭔가 이상했습니다. 저 정도라면 헤어지는 것이 모두를 위해 좋을 것 같았지요. 동현이가 답을 주었습니다. 지혜 때문이라고, 지혜에게 상처를 주기 싫어서 그렇다고 했습니다. 지혜를 때리고, 매일 집에 들어오면 부부 싸움을 하더라도 함께 사는 것이 낫다고 했습니다. 저도 겪어 보지는 않았지만 그럴 것 같았습니다.

그 뒤에도 많은 이야기를 나누었습니다. 오래되어서 자세하게 기억나지는 않지만 아이들과 저는 함께 아파하고 함께 기뻐하며 책 속에 들어 있는 사람들의 삶을 이해하려 했습니다. 이런 이야기판을 통해 아이들은 새롭게 자라납니다. 다른 이들의 삶을 하나하나 겪지는 못하지만 책을 읽고 이야기를 나누다 보면 알 수 있을 겁니다. 사람들은 저마다 상처를 가지고 있다는 것을 말입니다.

사람들은 저마다 쓸쓸하고 슬픈 이야기들을 만들며 살아갑니다. 나 혼자만 그런 게 아닙니다. 아이들이 살아갈 삶도 그렇습니다. 그럴 때 이 이야기를 기억해 주면 좋겠습니다. 그러면 쓸쓸함을 견디는 힘도 생기지 않을까 합니다. 가르친다는 건 그런 힘을 기르는 것 같기도 합니다.

공부를 모두 마치고 나서 누군가의 마음이 되어 글쓰기를 해 보았습니다. 우리 반 아이들은 겪은 글은 자주 쓰지만 상상해 보는 글은 많이 써 보지 않았습니다. 더구나 이 책처럼 누군가의 내면을 써 본 적은 없습니다. 누군가의 마음속을 그려 낼 수 있다는 것은 그 삶을 받아들일 수 있다는 것입니다. 왜 그렇게밖에 할 수 없었는지, 왜 그렇게 살아야 했는지에 대한 까닭을 말하지 못하면 마음을 그릴 수 없지요.

다 쓴 글을 읽어 보았습니다. 좋은 글이었습니다. 마음을 헤아리고 있었지요. 그런 글을 쓰는 아이들과 같은 반이라서 저도 좋았습니다.

아이들이 쓴 글
– 지혜 엄마 이야기

에어로빅 강사가 되던 날 비가 내렸다. 비가 내리니 맥주를 마시고 싶고, 에어로빅 강사가 된 게 기뻐 마시기로 했다. 맥주를 사 갖고 와 집에 와서 혼자 마셨다. 채연이가 집에 들어왔다. 채연이가 내 모습을 보고 옆에 앉아 내게 물었다.

"엄마……, 왜 술을 마셔요?"

내가 말했다.

"…… 술을 마시면 감정이 아주 풍부해지거든. 기쁜 일은 더 기쁘게 느껴지고, 슬픈 일은 더 슬프게 다가오고, 절망적인 사람은 더 비참해지지."

말을 하고 나니 기쁘기만 하던 에어로빅 강사가 된 게 하찮아졌다. 그리고 내 인생이 너무 슬프게 보인다. 조금 있다가 지혜가 나한테 물어봤다.

"엄마, 나 이거 조금 마셔 봐도 돼요?"

원래는 안 되지만 오늘은 특별히 봐 주기로 했다. 지혜는 마시고 나니 맛이 없다고 했다. 그러면서 인상을 찌푸렸다. 이런 지혜의 모습이 귀여웠다. 슬쩍 웃음을 지었다. 지혜가 다시 나한테 물었다.

"그런데 엄마, 슬픈 감정을 뭐 하러 더 크게 부풀려요?"

"글쎄다. 엄마는 그런 것까지는 생각 안 해 봐서……, 똑똑한 지혜가 알아서 생각해 봐."

몇 분이 지나자 지혜가 말했다.

"엄마, 그건 슬픈 사람은 자기가 슬픈 걸 다른 사람한테 말하고 싶어서 그러나 봐. 절망적인 사람은 자기가 얼마나 절망적인지 남들이 알아주길 바라서 그렇고."

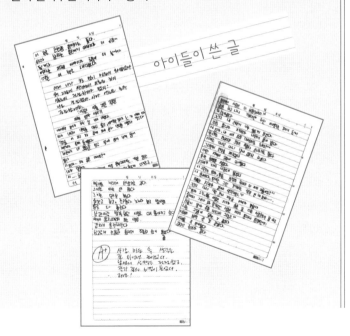

아이들이 쓴 글

나는 그 말이 맞는 것 같았다. 지혜가 부쩍 큰 것 같았다. 지혜를 꼭 안아 주었다. 갑자기 취기가 왔다. 비틀비틀거리며 안방으로 갔다. 그이는 아직 안 왔다. 그이는 맨날 늦는다. 술 먹고 늦고, 친구들과 노느라 늦고, 별의별 일로 다 늦는다. 남편이랑 행복했던 시절로 다시 돌아가고 싶다. 싸우지 않고 때리지 않는 시절로. 갑자기 울컥해진다. 남모르게 눈물을 훔치며 조용히 잠이 들었다.

나는 글 끝에 '사람 마음속 생각을 잘 읽어 낸 글이었다. 낱말 선택도 절절했고, 작가 같은 느낌이 들었다. 과연!'이라고 써 주었습니다. 아이들이 글을 쓰고 나면 받아 두었다가 짧게 이야기를 써 줍니다. 격려하는 말을 쓰고 싶은데, 잘 되지 않을 때가 많습니다.

아 이 들 이 쓴 글
– 우 현 이 이 야 기

"딩동댕동" 지금은 점심시간! 점심을 받았다. 오늘의 메뉴는 '밥', 이건 그저 그러네. '된장국' 맛있겠다. '시금치' 웩, 이딴 게 왜 있지? '김치' 이건 좀 낫다. 그리고 '소시지 볶음!' 맛있겠다. 이건 더 받아야지. 밥을 다 먹고 가 보니 소시지는 다 받아 갔다. 그래도 괜찮아. 난 누구 걸 뺏어 먹으면 돼. 뺏어 먹을 아이를 탐색하는데 아이들 소시지 칸은 다 비어 있었다.

그런데 손도 안 댄 소시지 칸이 보였다. 지혜 거였다. 소시지가 이렇게 말하고 있었다.

'날 먹어. 이렇게 통통한 나를 먹고 싶지 않아?'

하지만 뺏어 먹으면 지혜에게 맞을 것이 뻔한 일.

'이걸 먹어야 하나, 아님 말아야 하나?'

결국 난 소시지의 유혹을 참지 못하고 소시지를 낚아채 입에 넣었다. 씹으면 씹을수록 툭툭 터지는 즙 때문에 난 점점, 어쩔 수 없이, 행복한 표정이 되고 있었다.

그러던 중 난 엄청난 살기를 느꼈다. 지혜가 내뿜는 살기였다. 난 뒤늦게 도망가려 했지만 그보다 더 빨리 지혜의 손톱이 나의 얼굴을 지나간다. 얼굴에 뭐가 흐른다. 짭짤하고 비릿한 맛. 피다. 나는 솟아오르는 눈물을 참지 못하고 울었다. 그냥 운 것뿐인데 지혜는 나에게 다가와 근육 덩어리 다리로 발길질을 했다. 아파하고 있었는데 지혜가 말했다.

아이들이 쓴 글

"조용히 좀 울어라. 창피하지도 않냐? 보건실에나 가 보시던지."

정말 깡패 같은 아이다. 급식 선생님이 다가와 더 때리려는 지혜를 막았다. 보건실에 가서 치료를 받고 나니 애들이 지혜가 맞았다고 얘기해 주었다. 그 순간 '이 싸움은 나의 승리구나.'라는 생각이 들었다. 하지만 지혜의 얼굴을 본 순간 그 생각은 싹 가셨다. 지혜는 손바닥을 다섯 대나 맞고도 표정이 그대로였다. 오늘 난 교훈을 하나 얻었다.

'서지혜를 건드리지 마라!'

이 글에는 '가운데 부분에서 내용과 문체가 완벽하게 맞아떨어진다. 긴박감을 잘 드러냈다.'라고 써 주었습니다.

9장

온작품읽기로 졸업여행 떠나기

박길훈

온작품읽기로 시작된 프로젝트 학습

저도 사실 아이들 책 읽기 지도는 자신이 없습니다. 몇 해 동안 6학년만 해 왔거든요. 그래서 그런지 아이들도 저학년 때부터 스스로 책을 읽는 일이 습관처럼 되어 있지는 않았어요. 그런 아이들과 '함께 읽어요' 책들을 한 해 동안 꾸준히 읽는 것 자체가 힘든 일이었죠.

처음엔 무턱대고 욕심을 부려서 일주일에 한 권씩 읽기를 했는데, 이게 정말 욕심이었어요. 오히려 아이들에게 책 읽기를 싫어하게 만들지 않았나 싶은 생각이 들었습니다. 그래서 한 달에 두 권 읽기로 바꾸었어요. 그렇게 바꾸고 나니 그래도 하나둘씩 책을 읽는 아이들이 늘어나더군요. 그러고는 책 속의 이야기를 밖으로 끄집어 내는 아이들이 조금씩 생겨났어요. 열광까지는 아니었지만 나름대로는 책 속 이야기를 쉬는시간에 나누는 아이들도 생겨서 다행이다 싶었습니다.

무엇보다 교사의 욕심으로 책을 읽히는 것만큼 어리석은 일은 없다는 생각을 하게 되었어요. 아이들은 아이들의 속도가 있고, 책을 읽고 싶은 마음도 저마다가 다르다는 생각이 들었어요. 무언가를 정해 놓고 하는 것은 서로 약속을 하고 꼭 지키겠다는 다짐을 하지 않으면 쉽지 않은 일이기도 하니까요.

선생님들은 아이들이 읽을 책들을 꼭 먼저 읽어 보아야 합니다. 그 까닭은 몇 가지가 있습니다. 하나는 아이들이 읽을 책이 좋은 책인지 아닌지를 선생님이 먼저 읽지 않고서는 알 수 없다는 것입니다. 또 하나는 책을 읽고 함께 나눌 이야기가 있다는 것이죠. 책을 읽고 그 책 속의 이야기를 함께 나눌 수 있다는 것은 정말 소중한 일입니다. 아이들은 책을 읽고 책 속의 이야기를 하면서 자신의 이야기를 자연스럽게 밖으로 꺼내 놓거든요. 그때 선생님도 함께 이야기를 보태 보면 쉽게 아이들과 가까워질 수 있고, 아이들도 선생님을 좀 더 편안하게 생각할 수 있게 되죠. 그럼 그 흔한 생활지도니 상담이니 하는 것들은 자연스럽게 이야기로 풀어낼 수 있게 됩니다.

그렇게 책 읽기는 아이들과 수업에서도, 놀이에서도 좋은 공부거리, 놀 거리가 된답니다. 요즘은 교과서가 예전에 비해 많이 좋아졌지만, 좋은 책 한 권의 힘을 따라가지는 못하는 것 같습니다. 그러니 아이들과 꾸준히 책을 읽는 일만큼은 선생님들이 놓치지 않고 가야 할 것 같습니다.

저는 우선 온작품읽기를 하면서 몇 해 전에 송천분교에 계시던 김강수 선생님이 6학년들과 함께 '함께 읽어요' 활동을 하던 책들을 참고했습니다. 처음 받은 책 목록에는 한 달에 네 권씩 있었습니다. 1학년 때부터 책을 꾸준히 읽어 오던 분교 아이들과 다르게, 우리 학교 아이들은 쉽게 읽어 내지 못했습니다. 그래서 과감하게 한 달에 네 권이던 것을 한 달에 두 권으로 확 줄여 버렸지요. 물론 그렇게 줄였어도 아이들에게 책 읽기는 무척이나 힘든 일이었습니다. 책을 억지로 읽게 하는 것만큼 아이들에게 힘든 일은 없겠구나 싶었습니다. 좋은 책이니 아이들도 잘 읽을 것이라는 내 생각은 완전히 틀리고 말았습니다. 고민을 할 수밖에 없었습니다.

4월쯤에 한 해 동안 아이들과 함께 읽어 보기로 했던 '함께 읽어요' 책 목록에 있는 《방학 탐구 생활》이라는 책으로 온작품읽기를 할 때였습니다. 몇몇 아이들이 이야기를 꺼내기 시작했습니다. 사실 6학년 아이들과 학기 초부터 졸업여행을 어떻게 꾸려 갈까 고민하던 터였습니다.

"나도 방학 때 저렇게 모험을 떠나 보고 싶어." "와! 재미있겠다." "얘들아, 우리도 해 보자." "방학 때는 학원 때문에 쉽지는 않을 것 같은데……."라며 심상치 않은 반응을 보이더군요. 한 아이가 "그럼 우리 졸업여행을 우리가 맘대로 꾸려 보면 좋겠는데!"라며 반 친구들을 꼬드기기 시작했지요. 저도 그때를 놓치지 않았습니다. 아이들과 곧바로 이야기판을 벌이게 되었어요. 그렇게 졸업여행 프로젝트는 《방학 탐구 생활》 책 읽기에서부터 시작되었습니다.

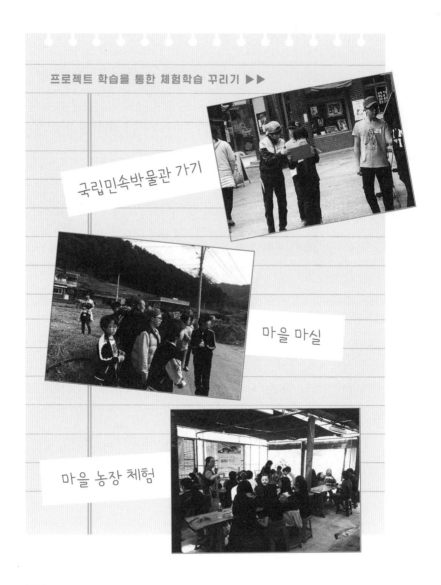

프로젝트 학습을 통한 체험학습 꾸리기 ▶▶

국립민속박물관 가기

마을 마실

마을 농장 체험

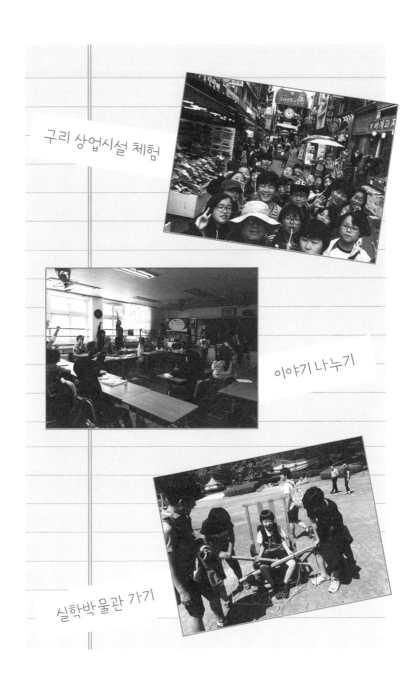

구리 상업시설 체험

이야기 나누기

실학박물관 가기

졸업여행 프로젝트 학습

졸업여행을 한 해 동안 준비해 가겠다는 큰 그림을 그리는 데는 많은 시간이 걸리지 않았어요. 아이들이 나서서 해 보겠다는 통에 제가 끼어들 틈이 사실 별로 없었거든요. 어쩌면 졸업여행이 초등 학교 다니는 6년이라는 시간 동안 겪는 일 중에서 가장 신나고 재미난 일이 될 거라는 생각도 들었습니다. 이처럼 쉽게 프로젝트 학습을 시작할 수 있었습니다.

읽기	▼

책 읽기가 만만해?

먼저 책 읽기를 시작했습니다. 아이들이 모두 스물두 명이었는데 학교에 책이 몇 권 없었어요. 학기 초에 부모님들께 편지를 썼습니다. 한 해 동안 읽을 책 스무 권 정도는 사다 놓고 아이들이 언제든 읽을 수 있도록 했으면 좋겠다고 부탁을 드렸습니다. 책을 가지고 있는 아이들은 스스로 읽도록 하고, 책을 가지고 있지 않은 아이들은 돌아가면서 읽도록 하겠다고 약속을 했습니다. 학기 초에는 책 읽기를 쉽게 해내지 못하더군요. 그래서 수업시간에 내가 읽어 줘야겠다고 생각했죠.

수업 시간에
책 읽어 주기

아이들의 목소리로 읽어요

이틀 정도 시간 동안 《방학 탐구 생활》을 반쯤 읽었을까요? 힘들었습니다. 그런데 아이들은 이어질 이야기를 기다리는 눈치였습니다. 그래서 아이들에게 돌아가면서 읽도록 해 보았어요. 아이들의 이야기를 아이들의 말로 들려주었습니다. 교사가 앞에서 전체를 읽어 주는 것도 나쁘진 않지만 아이들이 서로 돌아가면서 읽거나 역할을 나누어 읽으니 훨씬 더 잘 읽을 수 있었습니다. 교실에서 저마다의 방법으로 읽어 보면 좋겠습니다. 어떤 이야기는 선생님이 모두 읽을 수도 있고, 어떤 이야기는 아이들이 각자 읽을 수도 있습니다.

책 속에는 아이들의 삶이 있어요

《방학 탐구 생활》은 글이 쉽고 속도가 빨라서 아이들이 쉽게 읽어 갔습니다. 국어시간에, 그리고 짬이 날 때마다 계속 이어서 읽어 주었습니다. 조금은 엉뚱한 석이의 이야기가 아이들에게 무척 와 닿은 것 같습니다. 학원을 많이 다니는 요즘 아이들에게는 더 그랬습니다. 아이들은 방학 때도 놀지 못하고 매일 학원을 다녀야 하는 주인공 석이가 아빠를 이기고 방학을 자유롭게 즐기는 모습에서 묘한 쾌감을 느낍니다. 판타지이지만 나도 얼마든지 꿈꿀 수 있을 만한 이야기입니다. 그러니 아이들에게 무척 친근하게 느껴졌겠지요.

느낌 나누기	▼

느낌을 나누며 배울 수 있는 것들

느낌 나누기는 온작품읽기에서 무엇보다 중요한 일입니다. 저마다의 생각들을 서로 나누면서 많은 것을 배우게 되죠. 굳이 무엇을 배우게 되는지를 말하자면 이렇습니다.

첫째, 읽은 책의 내용들을 다시 돌아보게 합니다. 내가 읽은 책 속에 어떤 이야기들이 펼쳐지고 이어지는지를 돌아보는 것은 다음에 책을 읽을 때, 도움을 줄 수 있습니다. 이야기를 사건이나 장면별로 엮을 수 있고, 내용을 더 쉽게 이해할 수 있습니다.

둘째, 생각이나 느낌을 드러내는 힘을 길러 줍니다. 학년이 올라

갈수록 자신을 쉽게 드러내지 못하는 아이들에게 꼭 필요합니다. 그 횟수가 많으면 많을수록 점점 그 힘은 커질 겁니다.

셋째, 다른 친구들의 이야기를 귀 기울여 듣게 해 줍니다. 아이들은 딱딱한 교과서에 담긴 뻔한 질문과 뻔한 답에 끌리지 않습니다.

온작품읽기를 통한 느낌 나누기는 나의 느낌을 드러냄과 함께 다른 친구들의 느낌을 듣고 나의 느낌과 견주어 볼 수 있도록 합니다. 더 멀리 보면 친구들을 더 깊게 이해하고, 친구들과 더 가까워지도록 도와줍니다.

책을 읽고 바로 느낌을 나누어요

느낌 나누기를 할 때는 꼭 지켜야 할 것들이 있습니다. 책을 읽고 웬만하면 바로 느낌을 나누는 것이 좋습니다. 온작품읽기를 처음 할 때는 그저 책 읽기로 끝내는 경우가 많았습니다. 그러니 아이들과 내용에 대해서 이야기 나눌 기회가 많지 않았습니다. 아이들에게서 놓친 것들이 있었다는 것을 얼마 지나지 않아서 알게 되었어요. 책을 가볍게 읽고 말자는 제 생각과는 다르게 아이들에게는 이야기가 계속 이어지고 있었습니다.

아이들은 할 말이 참 많습니다

아이들 이야기를 가까이서 잘 들어 보면 주로 아이들의 삶이 녹아 있는 이야기들이 많습니다. 《방학 탐구 생활》을 읽고 나서 느낌 나누기를 했을 때 나왔던 이야기를 들어 보면 잘 알 수 있습니다.

"나도 방학 때 숙제 없이 살아 봤으면 좋겠다."

"야! 우리 샘은 방학 때 숙제 안 내 주신대."

"정말? 선생님 진짜 진짜 진짜 방학 때 숙제 안 내 주세요?"

"그래도 학원에 가야 하잖아."

"그래, 학원은 정말 가기 싫다. 학원에서 숙제는 또 얼마나 많이 내주는데……."

"방학 때 학원 안 다니려고 지금 핑곗거리를 만들고 있는데, 뭐가 좋겠냐?"

"책에 나온 것처럼은 절대로 안 해 주실걸."

"우리 엄마는 방학 때는 학원 다니지 말래. 맘대로 놀아 보라고 그러시던데."

"좋겠다. 그래도 방학 때 공부는 좀 해야 하지 않을까?"

"선생님은 방학 때도 수학 공부는 계속하라고 하지 않았나?"

"난 선생님이 하라고 한 것만 하고 다른 건 내가 맘대로 할 거야."

"아빠랑 엄마랑 너무 달라. 내가 학원 가는 것 때문에 아빠랑 엄마랑 맨날 싸우셔."

"우리 아빠는 내가 집에서 뭘 하는지 아무것도 모르셔."

"우리 엄마는 스토커야, 스토커."

"얘들아. 우리도 방학 때 여행 가면 어떨까?"

"보내 주시기는 한대? 우리 엄마는 집 나가면 고생이라고 하셔."

"선생님이 저희랑 같이 여행 가면 안 되나요?"

"야야! 우리 10월에 졸업여행 가잖아?"

"방학 때는 맘대로 여행을 못 가니까, 졸업여행을 좀 우리 맘대로 가면 안 되나?"

느낌은 나누는 것입니다

이렇게 시작된 졸업여행입니다. 책을 읽고 느낌을 나누다가 우연히 나온 한마디가 졸업여행의 출발이 될 줄은 몰랐습니다. 가르치고 배운다는 것은 분명한 의도를 가진 가치 지향, 목표 지향의 활동으로 알고 있지만, 아이들과 함께 지내다 보면 꼭 그렇지만은 않다는 것을 자주 느끼게 됩니다. 그렇게 아이들의 이야기를 듣다 보면 내가 놓치고 있는 것들을 잡을 때가 있습니다. 이야기를 들어 준다는 것은 이야기를 하는 것만큼 중요하고 어려운 일입니다.

아이들과 느낌 나누기를 하면서 가장 힘들었던 것이 있습니다. 자기의 이야기는 열심히 하지만 남의 이야기는 잘 듣지 않으려는 아이들의 태도였습니다. 연습이 필요한 걸까요? 아니면 버릇을 고쳐 줘야 하는 걸까요?

돌이켜 보았습니다. 내가 과연 아이들의 이야기를, 다른 사람들이 하는 이야기를 얼마나 잘 들어 주었는지 생각해 보았습니다. 돌아보니 저도 남의 이야기를 잘 듣지 않는 편입니다. 그저 내 안에 있는 것들을 드러내기에 바빴습니다. 그러니 교실에서도 아이들 이야기를 듣기보다는 내 말을 들려주는 때가 더 많았습니다.

들어 주자 들어 주자

아이들 이야기를 먼저 들어 주어야 했습니다. 박문희 선생님께서는 오래전부터 '마주 이야기' 활동을 통해서 아이들의 이야기를 듣는 일에 온 힘을 쓰셨습니다. 아직도 어린이집을 하시면서 그렇게 살아오고 계십니다. 숨김 없고 때 묻지 않은 아이들의 이야기를 듣고 사시니 지금도 여전히 건강하신가 봅니다.

선생님이 먼저 아이들의 이야기를 잘 들어 주면 아이들도 시나브로 내 이야기를 귀 기울여 듣게 되고, 그렇게 친구들의 이야기도 자연스럽게 듣게 됩니다. 아이들의 이야기를 듣다 보면 가끔은 나와 다른 세상을 보게 됩니다. 아이들의 생각과 말을 듣다 보면 같이 나눌 만한 것들을 얻을 때가 있습니다. 졸업여행 이야기가 그랬습니다. 책 한 권으로 한 해 동안 같이 나눌 거리를 찾게 될 거라고는 생각도 못했습니다.

느낌 나누기가 좋습니다

책을 읽고 가장 많이 하는 활동이 독후감 쓰기입니다. 그리고 독서토론이나 편지 쓰기 활동들을 할 수 있습니다. 여러 활동을 해 보았지만 느낌 나누기만큼 살아 있는 활동은 없었던 것 같습니다.

느낌 나누기는 말 그대로 나누는 활동입니다. 나의 말을 주고, 너의 말을 받습니다. 그렇게 주고받게 됩니다. 독후감 쓰기나 독서토론, 편지 쓰기와 같은 활동들은 그 길이 한쪽이라 남의 것보다는 나의 것을 먼저 생각합니다. 하지만 느낌 나누기는 남의 말을 듣지 않고서 나 혼자 말하기가 어렵고, 또한 나의 말이 다른 친구들에게 들어가 다시 나에게 돌아오는 활동입니다. 그러니 이야기가 끝이 없고, 신이 납니다.

선생님은 그저 아이들과 눈을 맞추고 같이 이야기를 주고받으면 됩니다. 그저 듣기만 해 줘도 좋습니다. 그렇게 아이들의 이야기를 듣다 보면 얼마나 재미있는지 모릅니다. 그냥은 재미가 없습니다. 잘 들어 주어야 재미있습니다. 그래서 저도 느낌 나누기가 참 좋습니다. 한 아이가 느낌 나누기를 하면서 이런 이야기를 하더군요.

"우리 공부하는 게 아니고 놀고 있는 것 같다. 그치?"

졸업여행 어디로 갈까? ▼

이미 정해진 졸업여행지, 제주도는 어떻게 하죠?

이미 5학년 때 아이들과 학부모들이 졸업여행 장소로 제주도를 정해 두었어요. 하지만 아이들과 책을 읽으며 제주도는 우리가 해 보고 싶었던 여행과는 어울리지 않을 것 같다는 이야기가 나왔습니다. 무엇보다 많은 교통수단을 이용하기 때문에 다니는 데 시간을 버리고, 비행기, 전철, 버스로 너무 바쁘게 옮겨 다녀야 한다는 것이었습니다. 특히 제주도는 한곳에서 여행하기보다는 돌아다니며 관광을 하는 곳이라 마음껏 놀 수 있는 장소는 아닙니다. 그러니 여행지를 다시 고르는 일부터 시작할 수밖에 없었습니다.

우리는 마음껏 놀고 싶어요

졸업여행을 다니면서 아이들을 피곤하게 하고 싶지 않았습니다. 그래서 한곳에서 오래 머물며 마음껏 놀 수 있는 곳이 좋겠다고 했습니다. 몇몇 아이들의 글을 보며 어떻게 장소가 정해졌는지 보겠습니다.

🦴 **김권수**

우선 자기가 원하는 졸업여행지를 컴퓨터실에서 찾았다. 근데 여행지보다는 숙소 위주로 많이 찾았던 것 같다. 난 학교에서 상준이랑 강원도의 바다가 보이는 펜션 같은 숙소를 찾았다. 이런 식으로 두세 곳 정도 더 조사했던 것 같다. 그 다음은 각자 찾은 여행지에서 회의를 통해 최종 여행지를 정하기로 했다.

🧑 **김대현**

우리 반은 졸업여행을 가기 위해 회의를 했다. 처음에 갈 장소로 월미도를 정했는데, 다시 투표를 해서 전주한옥마을로 장소를 바꿨다.

🧑 **박윤준**

처음에 한 것은 졸업여행 갈 장소를 찾는 거였다. 우리는 모두 컴퓨터실에서 졸업여행지를 찾아보았다. 전주, 춘천, 월미도, 가평, 속초 등 많은 의견이 나왔다. 우리는 그 의견들을 모아 투표해서 월미도가 나왔다. 그러자 몇몇 애들이 투표를 다시 하자고 해서 투표를 다시 했다. 투표 끝에 전주가 나왔다.

🧑 **배지영**

졸업여행지, 날짜, 미션, 식사 같은 것을 정하기 위해 많은 회의를 했다. 먼저 졸업여행지를 정하기 위해 애들과 얘기를 나누었더니 후

보로 월미도, 춘천, 전주, 부산, 제주도 등등 많은 후보가 있었는데 처음에는 월미도가 뽑혔지만 얘기를 나누다 보니 월미도에는 숙소가 없어서 다시 투표를 해서 결과는 전주한옥마을이 뽑혔다.

조아름

졸업여행을 가기까지 우리는 많은 준비를 했다. 졸업여행지 선택, 뭘 먹을지 어디를 갈지 여러 가지들을 정했다. 첫 번째는 졸업여행지를 정했다. 춘천, 월미도, 전주한옥마을, 부산 등이 나왔다. 투표를 해서 졸업여행지를 정했다. 최종 선택지는 전주한옥마을이 되었다.

정은지

나는 졸업여행을 가기 전에 많이 설렜다. 애들이랑 가서 무엇을 할지 많이 떠들었다. 그리고 가서 꼭 밤을 샌다고 이야기도 많이 했다. 원래 월미도로 졸업여행을 가기로 결정이 되었지만 월미도에서 어떻게 2박 3일을 지내냐는 이야기가 있어서 다시 투표를 하여 전주로 정해졌다.

월미도는 잘 곳이 없어요

월미도라는 곳이 방송 프로그램 어딘가에서 나왔는지, 처음에는 월미도를 가고 싶어 하는 아이들이 무척 많았습니다. 저도 당일치기로 하루 놀러 가서 놀이공원에도 가고 횟집에서 밥도 먹고 해서 그런지 나쁘지 않을 것 같다는 생각을 했습니다.

월미도와 가까운 곳들, 식당, 잘 곳들을 이리저리 살피다가 잘 곳이 너무 없다는 생각이 들었습니다. 주로 모텔과 관광호텔 같은 곳이었습니다. 아이들이 2박 3일 동안 머무르기에는 좀 무리가 있 겠다는 생각이 들었는데, 때마침 저와 같은 생각을 하고 있던 아이 들이 장소를 바꾸자고 했습니다. 앞선 회의의 결과를 뒤집겠다는 의견을 낸 것입니다. 쉬운 일은 아니었습니다. 그다지 많지 않은 회의시간인데, 그것도 2주 동안 고르고 골라서 투표를 통해서 결 정한 것을 바꾼다는 것은 그리 만만한 일이 아니라는 생각이 들었 습니다.

다시 정해진 졸업여행지 전주한옥마을

하지만 나 혼자만 그렇게 생각했었나 봅니다. 아이들은 곧바로 이야기를 시작했습니다. 이젠 회의시간이 따로 필요 없는 것 같습 니다. 그저 선생님에게 부탁만 하면 됩니다.

"선생님! 저희들 회의 좀 할게요."

당돌합니다. 수업하기 싫은 걸까요? 회의가 좋아서 그러는 걸까 요? 저는 끼어들 틈조차 없습니다. 그저 지켜보기만 할 뿐입니다.

그렇게 두어 차례 이야기를 하고 투표를 다시 합니다. 월미도를 뺀 나머지 장소들로 투표를 했습니다. 그렇게 전주한옥마을로 정 했습니다.

잠은 어디서 자고 무엇을 먹을까? ▼

아직도 갈 길이 멀다

이제 겨우 갈 곳이 정해졌습니다. 하지만 어디서 자야 할지, 무엇을 먹을지, 무엇을 하고 놀지 이야기할 것이 많습니다. 그런데 한 번 길이 트이니 이젠 쉽습니다. 그저 서로를 믿고 이야기를 나누면 됩니다. 많은 아이들이 함께 이야기를 나누니 이야기가 산으로 갈 때도 있지만, 생각보다 쉽게 이야기가 풀립니다.

각자 할 일을 나누다

아이들은 저마다 빛깔이 있고, 그 빛깔을 서로 인정하기 시작했습니다. 누가 무엇을 할 것인지, 누가 무엇을 잘하는지 저보다 더 잘 알고 있습니다. 이제 겨우 두 달 동안 지켜본 저보다는 6년 동안 함께 학교에서 살아온 아이들이라 그렇습니다.

가장 놀라웠던 일은 아직 다섯 달이나 남아 있는 졸업여행을 위해 모둠을 짤 때였습니다. 누구도 따돌림을 받지 않도록 서로를 챙기며 모둠을 짭니다. 물론 그 가운데에도 자기를 앞세워 평소의 관계에 따라 모둠을 꾸리려는 아이들은 있습니다. 그것조차도 나쁘지 않습니다. 다만 그런 아이들의 목소리보다 서로를 챙기려는 아이들의 목소리가 더 클 수 있고, 그걸 받아들이는 아이들의 모습에서 뿌듯함을 느낍니다.

그렇게 아이들은 모둠별로 조사하기 시작했습니다. 모둠별로 서

너 개의 숙소를 찾아오기로 했고, 모둠별로 먹을 것들을 찾아보기로 했습니다. 이 일은 생각보다 오랜 시간이 걸렸습니다. 시간이 많이 남아 있었기 때문에 그다지 바쁘게 찾지 않아도 됩니다. 또 다른 것들로 나눌 이야기가 많았습니다. 졸업여행으로 시간을 많이 쓸 수가 없었지요. 그렇게 천천히 이야기를 이어 갔습니다.

잘 곳과 먹을 것을 정했어요

한옥마을이니 한옥집에서 자야 한다는 이야기가 나왔습니다. 이곳저곳 인터넷으로 알아보았고, 또 어떤 아이는 외가댁이 익산이라며 방학 동안 전주를 다녀왔다고 합니다. 그렇게 찾은 곳이 ○○○○ 한옥집입니다. 아이들이 이틀 동안 안전하고 즐겁게 자고 놀아야 하는 곳이니 들러 보지 않을 수가 없었습니다.

답사를 핑계로 오랜만에 전주를 갔습니다. 전주한옥마을은 무엇보다 넓지 않아서 좋았습니다. 작고 아담한 마을입니다. 그런데도 잘 곳, 먹을 것, 볼 것이 많았습니다. 정말 마음에 들었습니다. 아이들도 마음에 꼭 들면 좋겠다는 생각을 했습니다.

답사를 마치고 돌아와서 아이들에게 숙소 사진을 보여 줬는데, 아이들이 가만히 있질 못합니다. 남자아이들은 큰 방에서 11명이 함께 자게 될 것 같다고 했더니 더 신이 났습니다. 한 달이 넘게 남았는데도 어서 가고 싶다고 난리가 났습니다.

아침 식사는 숙소에서 정해 준 콩나물국밥집으로 정했습니다. 다행히 모두 콩나물국밥을 싫어하지 않아 빠짐없이 먹기로 했습니다. 첫날 저녁밥은 답사로 다녀 온 몇 군데 가운데서 고르기로 했습니다. 씨푸드 뷔페와 비빔밥집이 있었는데, 아이들 대부분이 씨푸드 뷔페로 가자고 합니다. 따를 수밖에요. 물론 저도 싫지 않습니다. 둘째 날 저녁은 삼겹살 잔치를 하기로 했습니다. 첫날 점심은 모둠에서 마음대로 골라 먹기, 둘째 날은 라면 끓여 먹기, 셋째 날은 햄버거로 정했습니다. 여행을 다녀오면 자는 일과 먹는 일이 가장 기억에 남습니다. 그러니 좋은 숙소에서 먹고 싶은 것을 맘껏 먹게 하는 일이 제게 가장 큰 일이라 생각했습니다.

잘 곳 정하기

먹을 것 정하기

무엇을 하며 놀고 배울 것인가? ▼

또 회의를 합니다

끊임없이 회의를 합니다. 이젠 무엇을 하고 놀아야 할지 정해야 합니다. 원칙부터 정하기로 했습니다. 첫째, 버스를 타고 돌아다니지 말자. 아이들은 2박 3일이라는 꿈 같은 시간을 버스를 타며 시간을 버리고 싶지 않다고 합니다. 전주한옥마을 안에서 무엇을 할지 찾아보기로 했습니다.

둘째, 모둠이 함께 돌아다니자. 대부분의 단체 여행에서도 마찬가지겠지만, 서로 챙겨 가며 함께 즐기기로 한 것입니다. 넓지 않은 전주한옥마을이지만 저는 이 모둠 저 모둠을 찾아다니느라 혼쭐이 났습니다. 골목이 너무 많아 아이들 찾는 일이 만만치 않았습니다. 그래서 제가 아이들에게 거꾸로 제안을 했습니다. "너희가 나를 찾아다녀라."라고요. 나중에 후회했습니다. 숨어서 아이들에게 들키지 않도록 하는 일은 아이들을 찾는 일보다 훨씬 더 힘들었습니다.

셋째, 사진을 많이 찍자. 이건 뭐 별다른 이유가 있어서가 아닙니다. 제가 모둠을 모두 찾아가면서 사진을 찍을 수가 없을 것 같았습니다. 모둠별로 찍은 사진들을 저에게 보내도록 했습니다. 모둠별로 셀카봉을 준비하게 한 것도 그런 이유에서입니다. 여행에서 끝까지 남는 것은 사진이라지요.

여행 사진 찍기

골목골목을 누비기로 했어요

전주한옥마을은 테마별 골목들이 있습니다. 아이들에게 골목 놀이는 정말 재미있는 놀이입니다. 골목골목을 돌아다니며 이것저것 볼 수 있습니다. 모둠 아이들과 수다를 떠는 재미로 시간 가는 줄 모르는 아이들입니다. 어떤 곳은 직접 들어가서 한지 만드는 것을 볼 수도 있고, 어떤 곳은 박물관처럼 잘 꾸며 놓았습니다. 미리 이것저것 공부하고 준비해서 골목을 맘껏 돌아다녀 보는 재미를 빼놓을 수 없습니다.

골목골목 누비기

산책하기

아침저녁으로 산책을 가기로 했습니다

아침에 일찍 눈을 뜨면 한옥마을을 한눈에 볼 수 있는 곳에 갔습니다. 둘째 날도, 셋째 날도 일찍 일어난 아이들을 데리고 산책을 다녔습니다. 또 저녁에는 한옥마을의 밤거리와 시장 구경을 위해 잠이 오지 않는 아이들을 데리고 산책을 다녔습니다. 큰 기대를 하지 않았지만 어떤 아이들의 여행 기록에는 아침저녁 산책이 정말 기억에 남는다는 글도 있었습니다.

한복을 입기로 했어요

이튿날 낮에는 한복을 입고 돌아다니면 좋겠다는 의견이 나왔습니다. 처음에는 고개를 절레절레 흔들던 아이들도 전주 거리 사진을 보고서는 호기심이 발동했나 봅니다. 실제로 한복을 입어 본 아이들이 절반이 안 되어서인지, 이럴 때 아니면 언제 또 입어 보겠냐며 다 같이 입기로 정했습니다.

"선생님은 안 입으세요?" 이런 질문이 왜 안 나오나 싶었지만, 한 아이가 "샘은 맨날 입고 다니잖아." 했습니다. 맞습니다. 생활한복이기는 하지만, 비록 스님 같다는 비아냥을 듣기도 하지만 아이들은 그게 한복이라고 생각했고, 다행히 저는 생활한복을 입는 것으로 마무리되었습니다.

한복 입기

재미는 있었습니까?　▼

전주에서는 한복을 입어 줘야!

전주에 도착해서 제일 눈에 띄었던 것은 많은 사람들, 주로 학생들이 한복을 입고 돌아다닌다는 것이었습니다. 사실 아이들과 회의시간에 이미 한복을 입기로 약속을 했습니다. 재밌는 것은 남자아이들 중에 여섯 아이가 여자 한복을 입은 일이었습니다. 두 아이는 귀엽게 생겨 남자인지 여자인지 구분이 안 될 정도였습니다. 나머지 아이들도 미워 보이지 않았습니다. 많은 사람들에게 즐거운 웃음을 주었습니다. 사람들의 시선을 즐기는 녀석들이 재미있습니다.

깜짝 파티를 열어 준 아이들

어쩌다 졸업여행 이튿날이 제 생일이었습니다. 제가 마트를 다녀오는 사이, 아이들이 생일잔치 준비를 해 놓은 모양입니다. 저를 제 방에 가두다시피 하고는 (제가 좀 일찍 돌아왔나 봅니다.) 몇몇 아이들이 제 방에 들어와 뜬금없이 게임을 하자고 합니다. 그래서 1시간 남짓 아이들과 게임을 하고 있는데, 갑자기 바로 옆 남자아이들 방에서 소란스런 소리가 들렸습니다.

"선생님, 선호랑 종현이 싸워요."

"얘들아, 이 좋은 날 왜 싸우냐?"

방 안에는 불이 꺼져 있었습니다. 아이들이 상 위에 초코파이를

깜짝 생일 파티

잔뜩 올려놓고 (그게 제 나이만큼 있다는 걸 나중에 알았습니다.) 요플레를 부어 놓았습니다. 초는 하나였지만 방 안은 아이들 얼굴을 다 볼 수 있을 만큼 환했습니다. 아이들의 얼굴 하나하나가 또렷하게 보였습니다.

낮에 아이들과 돌아다니며 몇몇 아이들과 이야기를 나누다가 "야! 오늘 샘 생일인데 뭐 해 줄래?" 하고 물었더니 "그래요? 몰랐어요." 하고는 정말 무심하게 갈 길을 가는 녀석들의 뒷모습을 보면서 조금 섭섭하기도 했습니다. 그런데 이렇게 깜짝 파티를 해 줄 거라고는 상상도 못했지요. 나중에 그 녀석이 이렇게 말합니다.

"선생님, 아까 우리 들킨 줄 알고 진짜 놀랐어요."

지우가 예쁘게 장식을 한 스케치북에는 아이들이 저마다 한마디씩 써 놓았습니다. 현경이는 교실에서 익살스럽게 찍은 내 사진으로 예쁜 액자를 만들어 주었습니다. 설라는 선생님 왜 안 우냐고 조금 서운해 합니다. 사실은 복받쳐서 울컥했는데, 쏟아 내지 않았습니다. 졸업여행에 어울리지 않는 눈물이 될까 싶어서 말이죠.

삼겹살 잔치를 빼놓으면 안 됩니다

답사를 다녀와서 마당에 고기 굽는 불판이 있다는 것을 알려 줬더니 모두 삼겹살을 구워 먹자고 난리입니다. 아이들은 난리인데 저는 이미 그러리라 마음을 먹고 있었던 터입니다. 둘째 날 오후에 한지 공예 체험을 하는 동안 잠시 교감선생님께 아이들을 맡겨 놓고 근처 마트를 찾았습니다.

삼겹살 잔치

엄청난 양의 고기와 먹을거리를 혼자서 끙끙거리며 들고 오는데, 숙소 입구 쪽에서 아이들이 우르르 뛰어옵니다. 기가 막히게 냄새를 맡은 아이들은 제 손에서 먹을거리를 모두 빼앗아 갔습니다.

숙소 주인아저씨께서 직접 불을 지펴 주셨습니다. 처음에 주인아저씨께서 고기를 구워 주시겠다고 하셨습니다. 저는 우리 애들에게 제가 구워 주고 싶다고 하니 그러라고 하시더군요. 시골살이를 하며 고기를 자주 구워 본 탓에 어렵지 않게 고기를 굽고 있으니 그 모습을 보시고는 나보다 낫네 하십니다. 아저씨와 함께 고기를 구우며 아이들 이야기를 나누었습니다.

아이들이 정말 자유롭고 정겹다고 하십니다. 속으로 '네, 그럼요. 누구 제자인데요?' 했습니다. 저는 오로지 고기만 구웠습니다. 부엌에서 상추며 과일이며 숟가락, 젓가락, 접시, 컵 같은 것들은 아이들이 모두 챙겨서 차리는 모습을 보면서 주인아저씨께서도 놀랐다고 합니다. 저도 그런 아이들을 보며 대견했습니다.

아마도 아이들은 이 여행이 온전히 자기들의 여행이라는 것을 알고 있는 듯합니다. 여행의 주인이 되었으니 할 일도 척척 스스로 알아서들 하는 것이 아닐까요?

잠자기 전에 함께 이야기를 나눠요

이틀 동안 잠을 자기 전에 큰 방에 모두 둥글게 모여서 이야기를 나누었습니다. 딱히 이야깃거리를 정해서 나누는 것은 아닙니다. 주제라고 한다면 그저 '오늘 하루 어땠나요?' 정도일 것 같습니다. 아이들 이야기에는 하루하루가 고스란히 담겨 있습니다.

고속도로 휴게소에서 버스를 잃어버릴 뻔했던 이야기, 하루 만에 받은 용돈을 다 써 버린 이야기, 선생님 생일잔치를 준비했던 이야기, 생일잔치 준비하는 데 갑자기 선생님이 오셔서 놀랐다는 이야기, 그래서 선생님 방에 선생님을 가두고 같이 놀았는데 정말

여행 이야기 나누기

재미있었다는 이야기, 생일잔치를 준비했는데 선생님이 울지 않아
서 서운했다는 이야기, 새벽 산책을 다녀오니 수동에 돌아가서도
산에 올라가 마을 전체를 보고 싶다는 이야기, 옷 갈아입는데 남
학생들이 들어와서 울었던 이야기, 또 그 남학생은 억울하다면서
하소연하는 이야기, 삼겹살을 너무 많이 먹어서 산책을 해야겠다
는 이야기, 가족들과 같이 다녀 본 여행보다 이번 여행이 가장 재

미있다는 이야기, 내일은 또 무슨 일이 벌어질까 궁금하다는 이야기, 라면이 이렇게 맛있는 줄 처음 알았다는 이야기, 한복이 이렇게 편안한 옷인 줄 몰랐다는 이야기, 여자 한복을 입었는데 사람들이 그냥 여자라고 생각해서 기분이 이상했다는 이야기, 여자 한복을 입었는데 사람들이 자꾸 쳐다봐서 부끄러웠는데 나중에는 즐겼다는 이야기, 수많은 이야기가 꽃을 피웠습니다.

이야기의 주인이 아이들이 되면 이야기꽃은 끊어지지 않습니다. 저는 그 이야기를 듣는 것만으로도 하루하루가 행복합니다. 《방학 탐구 생활》에 나오는 석이는 수다쟁이라 말이 많은 것이 아니라, 적어도 삶의 어떤 부분에서라도 자기가 주인이기에 많은 이야기를 쏟아 낼 수 있었던 게 아닐까요?

다녀와서는 무엇을 할 것인가? ▼

졸업여행이 오랫동안 남았으면 좋겠어요

아이들은 이번 여행을 스스로 준비하고 다녀왔다는 것을 무척 뿌듯하게 생각했습니다. 그러니 이 모든 것을 잊지 않고 남겨 놓고 싶어 했습니다. 어떻게 준비했는지, 가서 무엇을 했는지, 다녀 온 느낌은 어땠는지 모두 남겨 놓고 싶어 했습니다. 그럼 어떻게 해야 남길 수 있을까? 아이들은 또 회의를 시작했습니다. 많은 아이들이 신문 이야기를 했습니다. 사회시간이나 국어시간, 또는 주제통합시간에 신문 만들기, 보고서 만들기를 해 왔던 터라 신문이라면 쉽게 만들 수 있을 거라 생각한 겁니다. 신문에 대한 이야기를 하다가 이런 이야기들이 나왔습니다.

"신문은 보통 하루짜리 아니냐?" "그렇지. 하루 지나면 버리거나 폐휴지로 쓰지." "그럼 남기지 못하잖아." "앨범으로 만들면 어때?" "앨범은 사진밖에 없잖아." "졸업앨범도 있는데……." "그럼, 우리 책을 만들자." "그래, 책은 버리지 않고 계속 볼 수 있으니까 좋겠다." 그렇게 책을 만들기로 했습니다.

프로젝트 학습 마무리

> 출판사를 차렸어요　　　　　　　　　　　▼

저마다 빛깔이 있어요

아이들은 저마다의 빛깔이 있습니다. 학교라는 틀 안에서 전국이 같은 교육과정과 같은 교과서로 공부를 하지만, 아이들은 모두 저마다의 빛깔이 있어서 똑같은 교육과정, 교과서와 어울리지 않습니다. 그런 아이들에게 저마다의 빛깔이 드러나게 교육을 한다는 것은 어쩌면 불가능할지도 모르겠습니다. 아이들마다 드러내고 싶어 하는 것, 잘하는 것이 다 다릅니다. 그것들을 더 잘 드러날 수 있도록, 더 잘 할 수 있도록 해 주는 것이 교육입니다. 아니 교육이어야 합니다.

기왕에 책을 만들기로 했으니 저마다 자기가 할 수 있는 일을 찾아보자고 했습니다. 나서서 아이들을 끌고 갈 사람, 글을 모으고 엮어서 편집을 맡을 사람, 그림을 잘 그려서 삽화를 넣고 책을 꾸밀 사람, 고쳐야 할 곳을 찾고 정리할 사람. 이렇게 저마다 할 수 있는 일들을 찾는 일부터가 시작입니다. 아이들도 저도 생전 처음으로 출판사를 차렸습니다.

선생님이 화가 났어요

쉽지 않은 일이었습니다. 시간을 정해 두고 글을 쓴 게 아니었기 때문에 아이들의 글을 모아 내는 것부터 힘이 들었습니다. 방학이 오기 전에 책 만들기를 마치자고 했는데, 아무래도 안 될 것 같았습니다. 기다려 주려고 했는데, 어떻게든 아이들 스스로 끝내기를 바랐는데, 결국은 아이들 앞에서 화를 내고야 말았습니다. "도대체 언제 글은 다 쓰는 거냐?" "대장이라고 뽑은 녀석들은 뭐하는 거냐?" "그냥 그만 두자!"

섣불렀습니다. 화를 내는 것이 아니었습니다. 좀 더 참고 기다렸어야 했는데, 그걸 참아 내지 못했습니다. 아이들은 마지못해 하는 꼴이 되어 버렸습니다. 결국 출판 작업은 방학 때까지 이어지게 되었습니다.

방학 때 나와야 하나요?

"선생님, 그럼 우리 방학 때 나와야 하나요?" 그래야 할 것 같았습니다. 어쩔 수 없으니 방학 전에 할 수 있는 데까지 하고 방학 때 꼭 필요한 사람들만 모여서라도 마무리를 하는 것이 좋겠다고 했습니다. 다행히도 각 팀의 팀장들은 기꺼이 그러겠노라고 합니다. 아이들을 더 믿어 줬어야 하는데 그러지를 못했습니다.

일주일도 되지 않아 아이들은 저에게 첫 원고를 보내왔습니다. 제각각 쓴 글들을 모아서 엮은 것이라 원고라고 하긴 많이 모자랐습니다. 그래도 화를 낸 것이 미안해서 잘했다고 칭찬해 주고, 아이들을 모아 짜장면도 사 주었습니다. 그런데 생각지도 못한 이야기를 들었습니다.

"선생님, 고마워요!" "왜?" "이거 한다고 엄마한테 얘기하고 학원 안 다니기로 했어요." "선생님, 저도!" 픽 웃었습니다. 녀석들도 뭐가 그리 좋은지 같이 웃습니다.

선생님 저 출판사 차릴래요

제가 조금 손을 본 뒤, 첫 원고가 디자인팀에게 넘어갔습니다. 디자인팀은 방학 때 편집팀과 같이 일을 해서 그런지 금세 작업을 마쳤습니다. 제가 미리 생각했던 것과는 방향이 조금 달랐지만, 곧잘 디자인을 마쳤습니다. 가볍게 책장 사이사이에 그림들을 넣고 심심한 글들을 지루하지 않게 하면 좋겠다는 생각이었는데, 디자인팀은 의욕이 넘쳤는지 한옥집을 그리고, 앞표지, 뒤표지를 만들고, 사이사이 간지를 넣고, 여기저기 사진들을 집어넣고는 그럴싸하게 만들었습니다. 덕분에 책 파일의 용량이 엄청나게 커졌습니다. 그래도 아이들 정성이니 하나도 빠뜨리지 않고 그대로 마지막 교정 작업에 들어갔습니다.

그러던 중에 한 아이가 "선생님, 저 출판사 차릴래요." "어?" 저는 놀랐습니다. "그래? 그런데 요즘 출판 사업이⋯⋯." 어쩌고저쩌고 이야기를 하는데, "책 만드는 게 재미있어요. 저랑 잘 맞는 것 같아요." 했습니다. 그저 아이들에게 책 만드는 과정을 함께 겪어 보고자 했던 것뿐인데, 한 아이에게는 그게 꿈이 되고 희망이 되었습니다. 이만하면 책 만들기는 성공한 듯합니다.

우리 책이 나왔어요 ▼

선생님 책 언제 나와요?

책 만들기가 더디다고 그렇게 구박하던 제가 오히려 아이들에게 타박을 받게 생겼습니다. 교정을 모두 마치고 2차 디자인 작업까지 모두 마쳐 이제 완성된 파일이 제 손에 들어왔는데도 제가 꾸물 거리고 있습니다. 아이들에게 책이 왜 안 나오냐며 되레 혼이 나고 있습니다. 스프링 제본을 할 것인지 책 제본을 할 것인지 정하다가 회의가 멈추었습니다. 거기다가 졸업 사정이니 졸업식이니 하면서 제가 일을 질질 끌고 있습니다. 아이들에게 혼이 나고서야 인쇄를 마치고 책 제본으로 책 만들기를 끝낼 수 있었습니다.

책은 물론 비매품입니다. 가격을 매길 수가 없지요. 너무나 소중한 한 권의 책을 받아 든 아이들은 저마다 책을 보며 한마디씩 합니다. 대부분 자기가 쓴 글을 다시 보고 있습니다. 조금은 실망스러운 표정도 보입니다. 아마도 속으로는 좀 더 잘 쓸걸 하는 마음이지 않을까요? 그래도 한 명도 빠짐없이 책 만들기에 함께했다는 뿌듯함 때문인지 이런저런 이야기로 또 한 번 이야기꽃이 피어났습니다. 그걸 바라보는 저도 더없이 행복했습니다.

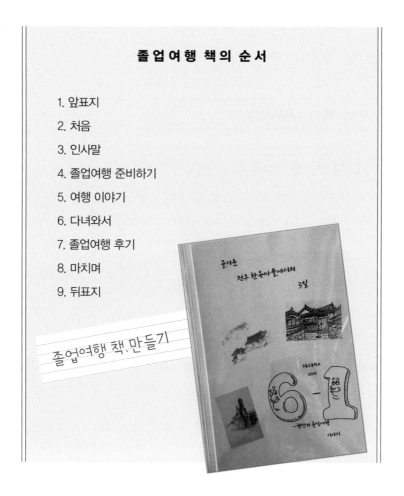

졸 업 여 행 책 의 순 서

1. 앞표지
2. 처음
3. 인사말
4. 졸업여행 준비하기
5. 여행 이야기
6. 다녀와서
7. 졸업여행 후기
8. 마치며
9. 뒤표지

졸업여행 책·만들기

졸업여행후기

나는 10월 14~16일까지 전주한옥마을로 졸업여행을 다녀왔다! 정말로 하루가 1시간처럼 느껴진 여행이었다. 먼저 첫째 날! 걱정 반 기대 반으로 가득한 버스가 출발했다. 버스에서 셀카도 찍고 간식도 먹고 재밌었다. 그러던 도중 기사아저씨가 노래를 틀어 주셨는데 다른 가수 노래는 나오고 방탄 노래는 나오지 않아서 속상했다.ㅠ

어쨌든 전주한옥마을에 도착해서 짐을 두러 숙소에 갔는데 생각보다 방이 작았다. 그래도 아늑하고 좋다고 생각했다. 거기에 강아지 두 마리가 있었는데 이름이 '한지'와 '꿀잠'이었다. 정말 귀여웠다.

그리고 모둠끼리 밥을 먹으러 갔다. '○○ 토스트' 집에서 먹었는데 음료수에 가루가 녹아 있지 않아서 좀 별로였지만 밥을 먹고 옆에 있는 문구점에서 박길훈 선생님 생신 파티 때 쓸 풍선을 샀다. 그리고 숙소로 돌아와서 스케치북을 만들었다. 그리고 경기전, 전동성당을 갔는데 경기전은 정말 지루했고, 전동성당은 사진 찍기 좋아서 아름, 지우, 은지, 설라랑 사진도 많이 찍었다.

그리고 좀 쉬다가 뷔페에 갔다. 나는 회, 초밥을 싫어해서 먹을 게 별로 없었다. 그래도 많이 먹기는 했다.ㅋㅋ 뷔페에서 저녁을 먹고 핸드폰 케이스 비슷한 것을 파는 곳에 들러 보았는데 요즘 예쁜 케이스가 많이 있었다. 몇몇 친구들은 케이스를 샀다. 이제! 숙소로 돌아와서 씻고 우리 반 아이들이랑 이야기를 나누었다. 6년을 같은 반을 했지만 정말로 이렇게 진지했을 때가 처음인 것 같아서 새로웠다. 이야기를 마치고 남자애들 방에서 스케치북도 만들고 사진도 찍으며 놀았다. 12시 30분쯤 되서 가려고 했는데 쌤이 나오셔서 당황스러웠고 방에서 자려 했는데 잠이 안 와서 2시 30분 정도에 잤다.

그리고 둘째 날! 지우, 은지, 설라랑 잘 때도 설라, 은지가 일어나서 나랑 지우를 깨웠는데 아름이가 같이 자도 깨우는 사람은 달라지지 않았다. 다만 못 일어나는 사람이 한 명 늘었을 뿐이다.ㅋㅋ 애들이 6시부터 깨웠는데 난 6시 20분 정도에 일어났다. 비몽사몽한 상태에서 콩나물국밥을 먹으러 갔다. 잠도 덜 깨고 배도 고프지 않고 배가 아프기까지 해서 밥을 조금만 먹었다. 설라가 나를 먹여주기까지 했다. 지금 먹으면 국물까지 먹을 수 있는데! 결국 3분의 2를 남기고 숙소로 돌아왔다. 숙소에서는 애들도 배가 아프대서 한 명씩 돌아가면서 볼일을 봤다.ㅋㅋ (괄약근이 견디느라 엄청 힘들었다.)

그리고 좀 쉬다가 벽화마을에 갔다. 사진을 많이 찍고 싶었는데 협조 안 해 주는 남자애들과 햇빛 때문에 조금만 찍었다. 사진 찍고 버스정류장에 앉아 있는데 설라가 초콜릿을 줘서 맛있었고 기분이 좋았다. 벽화마을을 다 둘러보고 숙소로 걸어가는 중에 엄청 큰 그네가 있어서 신기했고, 오늘 선생님 생신 파티 때 케이크 만들려고 과자를 샀다. 그리고 숙소로 와서 한복을 입고, 사진도 찍고 그러면서 돌아다녔는데 몇몇 남자애들이 여자 한복을 입어서 우리 반이 사람들의 주목을 받았다. 그렇게 몇 시간 동안 한복을 입고 돌아다녔는데 좀 힘들었지만 재밌었다.

그리고 숙소에 돌아와서 한지로 손거울을 만들었다. 그때 너무

졸려서 엎드려서 자려 했는데 엎드려서 자면 혼날까 봐 은지한테 기댔는데 은지가 간질이는 것 같아서 잠에서 깼다. 그래서 박길훈 선생님 생신 파티 준비를 했다. 그리고 선생님이 오셨다! 생신 파티를 하려고 방 안에서 기다렸는데 선생님이 빨리 안 오셨다. 그래서 남자애들이 싸우는 척하고 그러면서 쌤을 겨우 불러서 생신 파티를 했다. 근데 선생님이 울지 않으셔서 아쉬웠다.ㅋㅋ 그래도 선생님이 좋아하시는 것 같아서 뿌듯했다.

삼겹살 파티를 했는데 정말 맛있었다. 특히 권수가 쌤을 도와서 열심히 구웠다. 그리고 설라가 처음으로 씻어서 은지랑 자전거 타고 놀았는데 재밌었고 운동도 된 것 같았다. 이제 은지가 씻는데 박선호랑 몇몇 애들이 들어와서 놀았다. 그리고 지우랑 나랑 씻었는데 바지가 졌을까 봐 밖에 나와서 입으려 했는데 어떤 애가 허락도 받지 않고 들어왔다. 바지도 입지 않은 상태였는데.ㅠㅠ 너무 쪽팔리고 하, 진짜 당황스러워서 지우랑 화장실에 들어갔는데 우리 둘다 눈물이 그렁그렁 맺혔다.

그리고 옷 입고 나왔는데 쌤한테 말하다가 너무 서러워서 웃으면서(?) 울었다. 근데 갑자기 그 애가 울기에 울어야 할 사람이 누군지 모르는 것 같아서 한심했다. 그리고 다 같이 얘기하는 시간일 때 그 얘기를 했는데 목소리가 떨리고 울 것 같았다. 그래도 참아 냈다! 그리고 마지막에 선생님이 얘기하셨는데 정말 길게 하셔서 나는 왜 저런 생각을 못했을까 하는 생각을 했다. 그리고 마지막에 나, 지우 얘기를 하면서 함부로 들어오지 말라고 얘기하셨는데 그 아이가 또 울며 베개까지 던졌다. 쌤이 화낼 줄 알았는데 화내지 않으셨다. 내가 선생님이라면 진짜 패 버리고 싶었을 것 같다.ㅋㅋ 근데 쌤은 계속 타일렀다. 그런 모습을 보면 선생님이 정말 잘 참는 것 같다. 그래서 잘 마무리되었다. 선생님 생신날 기분을 언짢게 해 드려서 죄송했다. 결국 1시간 만에 이야기가 끝났다. 그리고 지우랑 〈실제 상황〉이라는 프로그램을 보다가 잠을 잤다.

벌써 세 번째 날이다. 내가 가장 먼저 자서 가장 먼저 일어났다. 내가 눈을 깜박거리고 있는데 은지가 일어나서 화장실에 갔다. 그래서 나도 일어나서 세수도 하고, 밖에 나갔다. 엄청 추웠다. 근데 벌써 마지막 날이다. 그래서 추워도 전주의 아침 풍경을 보기로 했다. 그리고 콩나물국밥을 먹으러 갔다. 처음으로 먹었을 때보다 맛있었다. 그리고 미션을 했는데 1시간 30분 정도 걸어 다녔다. 엄청 힘들었다. 그리고 새싹 핀을 잃어버려서 선생님이 사 주셨는데 죄송했다. 그리고 임실치즈, 닭꼬치를 먹었는데 닭꼬치는 은지, 지우가 산 거 뺏어 먹었는데 나도 살걸 하고 후회했다. 그리고 짐을 싸고 햄버거를 먹는데 너무 아쉬웠다.

마지막으로 생태박물관에 갔는데 시끄럽게 떠들어서 민폐인 것 같았다. 그리고 장수풍뎅이 위에서 사진도 찍었다. 그리고 권수랑 닮은 사진이 있어서 신기했다. 그리고 돌아오는 길에 호두과자도 사고 빼빼로게임 등 남자애들이랑 놀았는데 재미있었다. 이제 도착했다. 엄마가 와 있어서 반가웠고 집에 와서도 엄마한테 선생님이라고 하려 했다.ㅋㅋ 갔다가 돌아왔지만 아직도 전주에 있는 느낌이었고, 다시 가고 싶었다. 5학년 때 수학여행을 못 가서 아쉬웠는데 졸업여행을 재밌게 다녀와서 기쁘다!

우리가 만든 교과서

책을 만드는 데까지 걸린 시간과 그 길을 돌아보면 쉽지만은 않았습니다. 1학기 4월 《방학 탐구 생활》을 읽은 것부터 시작해서 많은 회의와 많은 조사를 했고, 방학에도 모여 함께 만들어 낸 책이니 그저 만든 것으로 만족해서는 안 됩니다. 이젠 이 책을 또 다른 6학년들이 읽고, 또 다른 이야기꽃을 피워야 합니다. 그리고 또 다른 일을 해 내야 합니다. 감히 이 책은 아이들이 만든 교과서라고 할 수 있습니다. 많이 부족하지만 살아 있는 교과서입니다. 부족함이 많을수록 좋습니다. 그래야 다음에 이 책을 보는 아이들이 더 좋은 책을 만들고, 더 살아 있는 이야기를 만들어 낼 수 있을 테니까요.

아이들 스스로 하는 온작품읽기

사실 아직도 온작품읽기를 온전히 해 내지 못하고 있습니다. 실은 잘 알지도 못합니다. 어떻게 하는 게 온작품읽기인지, 이렇게 하면 되는 것인지도 모르고 그저 마음 닿는 대로 하고 있습니다. 그마저도 제가 다 해 내지 못하고 아이들에게 맡겨서 하고 있습니다.

그런데 말입니다. 그게 정말 소중한 일이라는 것을 늦게 알게 되었습니다. 아이들의 빛깔이 드러나게 하는 일, 아이들의 삶이 오롯이 이야기로 꽃을 피우는 일, 스스로 배울 것을 찾아가는 일, 이 모든 일들이 정말 소중한 일이라는 것을 알고 나서야 비로소 내가 갈 길을 찾게 되었습니다. 교사는 무엇을 가르치는 사람이기보다는 아이들과 함께 살아가는 사람이어야 하고, 아이들과 함께 배워 나가는 사람이어야 한다는 것을 말입니다.

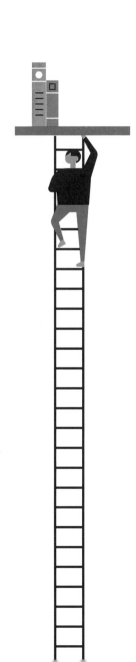

온작품읽기

추천 도서 및 활동 목록

저 학 년 (1~2학년)

책이름 / 저자 / 출판사		활동 예시
《개구리 왕자 그 뒷이야기》		부모님 결혼 이야기하기
존 셰스카	보림	
눈사람 아저씨		영상 보기, 겨울 그리기
레이먼드 브리그스	마루벌	
돼지책		엄마가 하는 일 쓰기
앤서니 브라운	웅진주니어	
금붕어 2마리와 아빠를 바꾼 날		아빠가 하는 일 쓰기
닐 게이먼	소금창고	
똥벼락		똥 이름 이야기하기, 똥 노래 부르기
김회경	사계절	
마법에 걸린 병		병 만들어 이야기하기
고경숙	재미마주	
만희네 집		자기 집 위에서 그려 소개하기
권윤덕	길벗어린이	
망태 할아버지가 온다		망태 할아버지 상상해 그리기
박연철	시공주니어	
무지개 물고기		물고기 만들기
마르쿠스 피스터	시공주니어	
바보 1단		도깨비에게 받고 싶은 물건 그리기
김영주	웅진주니어	
방귀쟁이 며느리		나의 자랑거리 이야기하기, 연극하기
신세정	사계절	
빨간 줄무늬 바지		옷 이야기하기
채인선	보림	
삼신할미		태몽 이야기하기
서정오	봄봄	

책		활동
손 큰 할머니의 만두 만들기		우리 집 음식 소개하기
채인선	재미마주	
쇠를 먹는 불가사리		나만의 소원 인형 만들기
정하섭	길벗어린이	
싸개싸개 오줌싸개		비슷한 경험 이야기하기
이춘희	사파리	
본 대로 따라쟁이		따라 하기 숙제 해 보기, 웃긴 이야기하기
김영주	재미마주	
세상에서 제일 힘센 수탉		명랑 운동회 하기
이호백	재미마주	
아카시아 파마		파마 놀이하기
이춘희	사파리	
정신없는 도깨비		연극 놀이하기
서정오	보리	
지각대장 존		연극 놀이하기
존 버닝햄	비룡소	
짝꿍 바꿔 주세요!		짝꿍 그려 보기
다케다 미호	웅진주니어	
치과의사 드소토 선생님		치과 간 경험 이야기하기
윌리엄 스타이그	비룡소	
틀려도 괜찮아		부끄럽고 떨린 경험 이야기하기
마키타 신지	토토북	
훨훨 간다		내용 몸짓으로 표현하기
권정생	국민서관	
오소리네 집 꽃밭		색종이로 나만의 꽃밭 만들기
권정생	길벗어린이	
박박 바가지		옛이야기 읽고 들려주기
서정오	보리	

중 학 년 (3 ~ 4 학 년)

책이름 / 저자 / 출판사		활동 예시
김구천구백이		자기 별명에 얽힌 이야기하기
송언	파랑새	
달걀 한 개		달걀 삶아 먹기
박선미	보리	
랑랑별 때때롱		내가 가 보고 싶은 별 이야기하기
권정생	보리	
마법의 설탕 두 조각		마법의 설탕 조각이 있다면 어떨지 상상해 보기
마하엘 엔데	한길사	
신기한 시간표		우리 반 신기한 시간표 짜 보기
오카다 준	보림	
잔소리 없는 날		집 나가 살아남기 계획 세우기
안네마리 노르덴	보물창고	
내 이름은 삐삐 롱스타킹		장면 골라 즉흥극 하기
아스트리드 린드그렌	시공주니어	
우리 집에 온 마고할미		우리 집에 온 ○○이 특징 쓰기
유은실	푸른숲주니어	
짜장 짬뽕 탕수육		영화 만들기
김영주	재미마주	
최기봉을 찾아라!		인물 인터뷰하기, 추리하기
김선정	푸른책들	
축구생각		가장 행복한 순간 찾기
김옥	창비	
웃지 않는 병		엄마 십계명, 나의 십계명 써 보기
정연철	휴먼어린이	
프린들 주세요		말 만들어 유행시키기 프로젝트
앤드류 클레먼츠	사계절	

조커, 학교 가기 싫을 때 쓰는 카드		우리 반 조커 만들어 활용하기
수지 모건스턴	문학과지성사	
생명이 들려준 이야기		관련 노래 듣기 (《우리들의 죽음》, 정태춘·박은옥)
위기철	사계절	
과수원을 점령하라		주인공 바꿔 이야기 다시 쓰기
황선미	사계절	
건방이의 건방진 수련기		나만의 권법 설명서 만들기
천효정	비룡소	
내 꿈은 토끼		내 꿈을 동물로 표현하기
임태희	바람의아이들	
노란 양동이		양동이를 가져도 될지 토론하기
모리야마 미야코	현암사	
엄마 사용법		우리 엄마, 우리 아빠 사용 설명서 만들기
김성진	창비	
일수의 탄생		나의 쓸모 생각하고 말하기
유은실	비룡소	
이야기 도둑		내가 아는 이야기 들려주기
임어진	문학동네어린이	

고 학 년 (5∼6학년)

책이름 / 저자 / 출판사		활동 예시
청소년 백과사전		사랑에 대한 시 쓰기
김옥	낮은산	
서찰을 전하는 아이		생명을 주는 노래 부르기
한윤섭	푸른숲주니어	
마당을 나온 암탉		인물 탐구하기
황선미	사계절	
푸른 사자 와니니		나에게 숨겨진 힘 찾아보기
이현	창비	
트리갭의 샘물		'영원히 살 수 있을까?'에 대해 토론하기
나탈리 배비트	대교출판	
바리데기 -아야 내 딸이야 내가 버린 내 딸이야		'바리데기는 왜 오구신이 되었을까?'에 대해 토론하기
신동흔	휴머니스트	
마사코의 질문		할머니와 대화 이어 가 보기
손연자	푸른책들	
꼴뚜기		내 마음과 같은 마음을 책 속에서 찾아보기
진형민	창비	
불량한 자전거 여행		동무들과 자전거 여행하기
김남중	창비	
방학 탐구 생활		여름 방학 숙제 - 나만의 '방학 탐구 생활' 겪고 쓰기
김선정	문학동네어린이	
쉬는 시간 언제 오냐		나만의 작은 시집 만들기
초등학교 93명 아이들	휴먼어린이	
만국기 소년-보리 방구 조수택		마음에 닿은 글귀 나누기
유은실	창비	
너는 나의 달콤한 □□		누군가 다른 사람이 되어 글쓰기
이민혜	문학동네어린이	

바보 온달		'삶에서 중요한 것'에 대해 토론하기
이현주	우리교육	
봉주르, 뚜르		내가 만약 '토시'를 만난다면 어떨지 상상하기
한윤섭	문학동네어린이	
사자왕 형제의 모험		'죽음 이후에는 무엇이 있나?'에 대해 토론하기
아스트리드 린드그렌	창비	
청년 노동자 전태일		전태일 인터뷰 하는 내용으로 연극 놀이하기
위기철	사계절	
어린이들의 한국사		역사 속 친구들에게 편지 써 보기
역사교육연구소	휴먼어린이	
내가 나인 것		엄마가 원하는 것과 내가 원하는 것 비교하기
야마나카 히사시	사계절	
몽실 언니		부모님의 어린 시절 인터뷰하기
권정생	창비	
너만의 냄새		부모님과 헤어졌을 때 어떤 것을 기억하게 될지 이야기하기
안미란	사계절	

우리 교실 책 읽기의 시작
온작품읽기

개정판 1쇄 발행일 2017년 11월 27일
개정판 7쇄 발행일 2020년 11월 10일

지은이 전국초등국어교과모임 이오덕김수업연구소
김영주 김강수 장상순 윤승용 박길훈 이혜순

발행인 김학원
발행처 휴먼어린이
출판등록 제313-2006-000161호(2006년 7월 31일)
주소 (03991) 서울시 마포구 동교로23길 76(연남동)
전화 02-335-4422 **팩스** 02-334-3427
저자·독자 서비스 humanist@humanistbooks.com
홈페이지 www.humanistbooks.com
유튜브 youtube.com/user/humanistma **포스트** post.naver.com/hmcv
페이스북 facebook.com/hmcv2001 **인스타그램** @human_kids

편집주간 정미영 **편집** 박민영 **디자인** 유주현
조판 홍영사 **용지** 화인페이퍼 **인쇄** 삼조인쇄 **제본** 정민문화사

ⓒ 전국초등국어교과모임 이오덕김수업연구소, 2017

ISBN 978-89-6591-345-0 03370

이 도서의 국립중앙도서관 출판예정도서목록(CIP)은 서지정보유통지원시스템 홈페이지(http://seoji.nl.go.kr)와
국가자료공동목록시스템(http://www.nl.go.kr/kolisnet)에서 이용하실 수 있습니다.(CIP제어번호: CIP2017028964)